Devenir

Titre original anglais : Becoming

Publié par :
Bridger House Publishers, Inc.
P. O. Box 2208, Carson City, NV 89702

ISBN
978-0-9799176-2-2

Graphisme de couverture : The Right Type
Imprimé aux États-Unis d'Amérique
10 9 8 7 6 5 4 3 2 1

DEVENIR
VOTRE DESTINEE, VOTRE HERITAGE

Il est difficile de répondre à la fois avec tact et de manière tout de même adéquate à la question : qui est l'énergie derrière ces messages ? La « Source » est le point focal que chaque conscience individuelle doit rechercher. À mesure que chacun progresse à l'intérieur du processus d'identification personnelle, de même progresse l'aptitude à permettre au courant de la Source de passer dans l'expérience. Chacun attirera vers lui les connaissances dont il a besoin pour vivre avec sagesse. Le niveau vibratoire des membres de l'humanité sur Terre et de l'environnement planétaire est tellement bas que cette capacité est virtuellement inaccessible en ce moment. Les membres consentants de l'humanité ont besoin d'aide pour accéder à l'information nécessaire. Afin d'offrir une façon de transcender l'état aberrant actuel, divers points de conscience, vibrant à des fréquences plus élevées, ont volontairement servi de stations d'amplification pour permettre la transmission de l'information à travers ceux qui, au niveau terrestre, voulaient participer. Pour satisfaire à la coutume des Terriens de « personnifier pour mieux identifier », des noms allant de l'exotique au ridicule ont été donnés comme sources d'information. L'information comportait des exercices de discernement et la plupart des participants ont échoué aux examens. On y trouvait beaucoup de vérité profonde mais une bonne partie se vida de son énergie en raison de la parade continue de victimes qui voulaient qu'on résolve leurs problèmes pour elles. L'information fut faussée à mesure que les sources se retirèrent. Les volontaires improvisèrent à leur manière et firent semblant car leur sincérité s'était perdue dans la convoitise et la célébrité qui résultaient du rôle qu'ils avaient joué.

Depuis cette expérience, toutes les parties concernées ont convenu qu'aucun des participants impliqués dans le processus de dictée/transcription/traduction de ces messages ne recevra de compensation monétaire pour ses efforts et que l'identité de ceux qui retransmettent l'information ne sera pas révélée. De plus, aucune information personnelle pouvant bénéficier à qui que ce soit ne sera divulguée. Toutes les énergies impliquées le sont pour le bien de la planète et de ses habitants, un point, c'est tout ! Il faut que la vérité des messages soit reconnue. Cette vérité doit d'abord être utilisée pour le bénéfice de la planète et de ses habitants. Ces derniers doivent, à leur tour, la recueillir et l'appliquer personnellement en tant que membres de la collectivité à laquelle les messages s'adressent. Tout ceci doit se dérouler sans qu'il y ait référence à des noms de personnes pour valider la vérité. Si vous ne pouvez comprendre cela, alors vous devez relire les messages jusqu'à ce que l'intégration de l'information offerte permette la transcendance du besoin d'identifier et qu'elle inspire l'engagement envers l'intention holographique qui a offert les messages.

Il faut espérer que ce message concis recevra le haut degré d'importance que nous lui avons conféré. La fenêtre d'opportunité qui s'ouvre pour accomplir l'énorme transition de conscience nécessaire est bien petite comparée à la taille des obstacles que constituent, pour les humains, leurs vieilles croyances. Ces dernières doivent être littéralement désagrégées afin que l'ensemble puisse être transformé.

Nous souhaitons sincèrement que la vérité présentée dans ce livre aura l'effet d'une épée qui transpercera les armures de la tromperie et ouvrira l'esprit et le cœur d'un nombre suffisamment grand d'entre vous pour assurer la réussite.

INTRODUCTION

Les messages contenus dans ce troisième livre font suite à l'information offerte dans les deux premiers ; ils visent à faciliter la transition des membres de l'humanité qui consentent à servir de catalyseurs en vue d'assurer la transformation de leur univers planétaire et de ses habitants. C'est une vérité indéniable que le comportement actuel qui consiste à utiliser les ressources planétaires à outrance et à en abuser pousse la planète à la faillite ; elle en viendra à ne plus être capable de soutenir toute forme de vie. Le corps humain et la conscience sont délibérément submergés aux plans physique, psychologique et magnétique. La majorité des citoyens ne comprennent pas que des forces invisibles les entourent et qu'elles affectent leur capacité de survivre. Ces forces sont cachées dans les commodités modernes alimentées en courant électrique alternatif ; et nous parlons ici de radio, de télévision et de bien d'autres émanations de basse fréquence qui altèrent maintenant le champ magnétique des individus et de la planète à un degré inimaginable.

De même que les scientifiques chez vous conduisent leurs expériences en se servant d'espèces que vous considérez inférieures comme cobayes, sans se soucier de leurs souffrances et de leur mort, le tout au nom de « l'avancement scientifique », de la même manière l'espèce humaine est considérée par certains comme étant une espèce inférieure qu'ils peuvent utiliser pour des fins expérimentales. Vous êtes utilisés exactement de la même manière et ceci, avec la participation de ceux qui se considèrent eux-mêmes comme faisant partie de la hiérarchie au pouvoir et qui sont au courant de ces expériences. Ces Terriens égarés sont sous la supervision directe de ces êtres qui désirent maintenir leur contrôle sur cette planète et sur d'autres. La conscience évolutive de l'humanité a encore une fois atteint un niveau considéré comme dangereux.

Plusieurs d'entre vous êtes déjà au fait de cette influence extérieure très réelle qui se révèle à travers l'histoire et que l'on peut reconstituer à partir des objets anciens qui n'ont pas été détruits ou cachés. L'apparition de différents vaisseaux spatiaux dans votre espace aérien et l'interaction que certains ont eue avec leurs occupants vous poussent également à tirer des conclusions logiques. Ces interactions se sont déroulées par contact direct et par communication télépathique. L'évidence indique la présence de pouvoirs extérieurs qui essaient de maintenir en place le contrôle implanté de longue date sur votre Terre et son système solaire. Il y a également ceux dont la présence se veut bienveillante et qui espèrent assister une humanité en éveil qui se doit de prendre la responsabilité de déterminer son propre avenir pour recevoir cette aide disponible.

L'humanité a elle-même bloqué la réponse à son cri de détresse répété qui réclamait depuis longtemps sa libération de l'esclavage dans lequel la maintenaient des forces extérieures. Elle agit ainsi parce qu'elle a été éduquée à attendre sa « délivrance » d'un être inconnaissable qui est, en fait, membre des forces qui la contrôlent. Leur technique visant à vous tromper et à vous contrôler marche depuis des milliers d'années sous le couvert d'un stratagème qui se résume à ceci : « Adorez votre contrôleur ! » Il reste peu de temps au genre humain pour s'éveiller à cette stratégie et en arriver à décider collectivement que le moment est venu de mettre fin à cette charade une fois pour toutes. Ceux qui voudraient prêter main forte doivent consentir à faire de la recherche et à se prouver sans l'ombre d'un doute que notre analyse tout à fait renversante de votre situation globale est tout à fait exacte. Ce groupe doit réaliser que l'humanité se doit de créer son propre avenir. Sinon, elle demeurera prisonnière des terribles circonstances d'esclavage vers lesquelles les forces sombres la poussent jusqu'à l'enlisement.

Les forces en jeu de pôles positif et négatif qui misent sur cette planète, chacune pour des raisons spécifiques, sont conscientes que de multiples cycles arrivent en fin de course à cette époque-ci. Cela servira la cause de l'humanité ou l'objectif des colonisateurs, suivant le côté vers lequel la conscience planétaire penchera dans son ensemble et à qui elle accordera son support, que ce dernier soit passif ou actif. Par conséquent, vous pouvez aisément comprendre que si l'humanité ne fait pas un choix clair pour s'approprier cette planète pour elle-même, elle supporte de manière passive la mise en esclavage continuelle et l'abandon de ses ressources naturelles au profit des autres plutôt qu'au sien. De riches dépôts miniers ont été exportés de cette planète et de d'autres planètes du système solaire depuis des milliers d'années pour aller enrichir les vies d'êtres qui ont manqué à leur rôle de gardiens judicieux de leurs propres ressources planétaires. On vous a rapporté la présence de gigantesques vaisseaux spatiaux ; ces rapports sont vrais et c'est là la raison de leur présence.

Il est temps pour les êtres humains de se réveiller et de se rendre compte tous ensemble qu'ils sont suffisamment matures pour contrôler leur propre destinée et qu'ils peuvent demander de l'aide en vue de « s'aider eux-mêmes pour le plus grand bien de tous ceux qui sont concernés ». Ce genre de prière peut définitivement obtenir sa réponse. Jusqu'à ce que les humains prouvent à leur famille galactique qu'ils sont coopératifs et non agressifs envers leurs voisins bienveillants, toute aide sera offerte indirectement. Cela veut dire que des êtres bienveillants ne marcheront pas parmi vous tant que ce ne sera pas sécuritaire pour eux de le faire. L'aide qu'ils peuvent vous offrir peut être très efficace mais elle doit être demandée sous forme d'assistance, et reçue comme telle, et non sous forme de sauvetage. Une victime, qu'elle soit un individu ou une conscience collective à l'échelle planétaire, n'a pas évolué à un niveau de responsabilité qui mérite l'assistance. Une attitude de victime doit dépasser le besoin de chercher à l'extérieur d'elle-même ; elle doit plutôt considérer ses propres choix pour trouver la cause ou les causes de sa situation imparfaite. Le libre choix est la liberté de choisir, et de choisir encore et encore, même si c'est de choisir de ne pas choisir. Il y a toujours des forces prêtes à faire des choix à la place de ceux qui ne veulent pas les faire. Il est temps pour l'humanité de faire ses propres choix. Ces messages vous sont offerts pour vous aider dans cet important processus.

Chapitre 1

Le moment est venu d'harmoniser votre système de croyances avec la situation physique actuelle pour éviter la ruine et la destruction qui attendent au tournant la majorité des Terriens. L'idée n'est pas de se concentrer sur la ruine mais bien sur le moment charnière actuellement disponible pour l'humanité et que cette dernière se doit d'utiliser comme tremplin pour actualiser sa transformation. Si choquantes que soient les révélations entourant le supposé sentier bordé de roses que l'humanité suivait aveuglément, il faut les accepter. Puis, il faut détourner votre concentration des tromperies et la diriger vers la création d'une nouvelle réalité.

Quelle est cette nouvelle réalité ? Comment peut-elle être créée si vous ignorez ce qui devrait ou pourrait remplacer votre réalité actuelle ? Cette réalité à recréer pourrait-elle être autre chose qu'un méli-mélo de vos désirs, basé sur la vieille programmation qui vous habite toujours ? Qui aurait la capacité de laisser tomber ce qu'il connaît pour envisager de nouveaux concepts qui ne seraient pas entachés par les rêves du passé ? Si vous demandiez conseil auprès des frères et sœurs galactiques, est-ce que ces derniers ne seraient pas influencés par leur réalité connue ? Donc, il semblerait qu'il y ait non seulement le dilemme actuel environnant, mais qu'il y en ait un autre de proportions plus grandes qui vous ferait quitter un mode d'expérience pour passer à un autre qui serait en fait la répétition d'expériences passées plutôt qu'un nouveau paradigme. Il semble que cela soit trop bouleversant pour une conscience collective qui est ou qui sera étourdie par le choc de la découverte de l'étendue de la tromperie. Mais l'est-ce vraiment ? C'est en se remettant du choc et en prenant la décision de créer leur propre réalité que les humains donneront naissance à leur nouveau monde.

Si ce qui est actuellement considéré comme étant la vérité appartient pourtant à la tromperie, alors la poursuite de concepts qui lui sont opposés mènera-t-elle à la vérité ? Oui, cela se pourrait. Par exemple, si vous avez cherché la bienveillance auprès de sources extérieures, cette bienveillance ne serait-elle pas disponible à l'intérieur de vous-mêmes ? Si vous n'avez pas trouvé la liberté dans les systèmes autoritaires ou dans la poursuite des libertés individuelles, où se trouve-t-elle donc ? Pourrait-elle se trouver dans le cadre de standards éthiques et moraux qui la rendent disponible à l'individu au sein de groupes qui acceptent de coopérer ? Est-ce que les groupes pourraient trouver des terrains d'entente pour établir des accords basés sur des désirs communs de libertés semblables ? Si au lieu de compétition et de besoin d'être/de se sentir supérieur, vous insérez la coopération comme ingrédient clé, alors tout devient possible. Si l'intérêt commun et le désir de coopérer constituent le noyau autour duquel tout le reste s'agglutine par attraction à la définition projetée de l'expérience désirée, l'interaction réussie peut prendre place. Si la liberté de se retirer et de trouver une expérience plus adéquate dans un autre groupe est encouragée et permise, le succès de l'aventure de la définition de soi est assuré.

L'expérience de la recherche de l'expression la plus parfaite pourrait être une fin en elle-même. Les groupes seraient visités sur une base régulière ; mais ce serait l'engagement de chaque participant à demeurer flexible et en expansion dans sa concentration qui permettrait au processus de se poursuivre jusqu'à ce que tous ceux qui sont impliqués en arrivent à une réalisation satisfaisante. Donc, aucun engagement à perpétuer quoi que ce soit ne ferait partie de l'objectif puisque l'expérience expansive ne peut placer de limites autour d'elle-même si elle veut arriver à exprimer le rêve qu'elle a conçu. Il va sans dire que la conscience expansive ne peut poursuivre son expansion que dans un contexte de compréhensions conceptuelles en mouvement. L'abandon des vieilles compréhensions, après qu'elles aient livré leurs grains de sagesse, amène le progrès. Maintenant, la concentration se tourne vers le développement de nouvelles connaissances qui permettent la transformation. L'introduction d'informations apparemment contradictoires mène à l'intégration de leur dichotomie apparente et permet la progression vers des concepts plus grands. En d'autres mots, la stagnation qui se produit lorsqu'on s'accroche à des croyances statiques freine le processus désiré. La sécurité des vérités apparentes connues est un piège que la conscience évolutive se doit d'éviter.

La capacité d'accepter cette compréhension conceptuelle des règles de base en vue de participer à l'expérience manifestée exige de mettre le système de croyances à rude épreuve, ce qui est déjà assez phénoménal en soi. Peu importe combien cela vous semble dérangeant sur le plan mental, cette étape de départ est requise si le genre humain veut sortir du bourbier dans lequel il se trouve actuellement. Les seigneurs qui vous contrôlent sont déterminés à ramener le nombre d'esclaves à un strict minimum sur cette planète ; ces derniers seront rigidement encadrés et les contrôleurs les utiliseront pour reprendre le programme où ils l'avaient laissé, c'est-à-dire à l'extraction des minéraux dont ils ont besoin pour sauver leur propre civilisation aux dépens de cette planète et de ses habitants. Il appartient aux habitants de cette planète, par naissance et par adoption, d'assumer la responsabilité de changer leur destin et il leur reste peu de temps pour accomplir cet exploit monumental. Si le défi est l'ingrédient déclencheur qu'il vous faut pour vous stimuler à l'effort requis, alors vous l'avez certainement. Nous prions ardemment tous ceux qui lisent cette missive de lui accorder leur considération la plus intense et la plus sérieuse. De plus, nous leur demandons de réfléchir à l'invitation qu'elle transmet d'assumer la responsabilité de faire arriver le changement ou d'accepter sans regret ce qui résultera d'un acquiescement de leur part.

Chapitre 2

Les jours qui viennent ne semblent pas prometteurs pour ceux d'entre vous qui habitent les É.-U. Les plans sombres paraissent prendre la forme voulue par leurs auteurs. « Dieu » – ce terme que vous utilisez pour nommer les énergies créatives en expression qui font naître les galaxies, les systèmes solaires, les planètes ainsi que les consciences individualisées capables de reconnaître ces manifestations et d'en faire l'expérience – ce dieu se concentre sur les travailleurs de la Lumière. Ces derniers se mettent maintenant sérieusement au travail.

En effet, chaque conscience individuelle possède à l'intérieur d'elle-même cette énergie du Créateur dont elle peut admettre l'existence et qu'elle peut connaître personnellement et intimement. Chacun est en fait un fragment manifesté de cette énergie subtilement puissante ; c'est là notre vraie nature. Cette énergie paraît être séparée de la partie personnalité/ego qui est capable d'en embrasser le concept. C'est le devenir lié à cet état d'être apparemment plus grand que nature qu'il est difficile d'achever. Pourtant, il n'y a pas d'autre dieu que celui-là. Ce que chacun porte en lui, au sein de cette réalité plus grande, est la seule voie d'accès à la compréhension du concept de ce qu'on appelle Dieu.

Dieu n'est pas une convergence de processus de pensée individuels ou une projection de personnalité ou encore un créateur bienveillant distinct de vous. Il est formé de tous Ses fragments focalisés et concentrés en un composite global. Chaque conscience s'empêche de faire partie de ce composite jusqu'à ce qu'elle en vienne à réaliser qu'elle en est une partie inhérente. Se faire dire qu'on fait partie du tout ne signifie absolument rien. Réaliser qu'on est une partie viable de ce composite qui est la somme de l'être entier, voilà ce que « devenir » signifie. On doit devenir cette réalité et se rendre compte que c'est un aspect viable de la totalité de Dieu et que l'apport individuel à cette réalité-là détermine la véritable nature de chaque être créé. Ce n'est pas une réalisation mentale, mais une réalisation qui enregistre un accord absolu aux niveaux mental, émotif, physique et spirituel du moi tout entier. En d'autres termes, l'aspect spirituel, qui projette chacun en réalité manifestée, réussit finalement à se faire entendre du reste de son être projeté qui se ballade habillé d'un corps.

Le corps doit enregistrer cette compréhension au niveau du cerveau et de tout le système nerveux, amenant ce qu'on appelle une réalisation qui produit alors au niveau des sentiments une sensation soudaine qui s'accompagne d'une compréhension ambiante. Cela provoque une modification complète de la perception du soi et de la manière dont ce soi fait partie de l'image composite de l'expérience. Il en résulte un changement dans la perception de « Dieu » qui soudainement laisse place à la compréhension que « Dieu » égale citoyenneté cosmique/galactique plutôt qu'un rapport père/enfant. C'est une mutation ; on part d'être impuissant ou de faire l'expérience de l'impuissance pour aller vers la responsabilité imposante d'être une portion contributive à la totalité de ce qui constitue « Dieu » ou l'énergie créatrice de potentialité qui est concentrée en expérience manifestée afin qu'elle puisse être définie et comprise. Ce n'est pas un passage de négatif à positif qui constituera ce point charnière. C'est plutôt une élévation jusqu'à un nouveau point dans la spirale d'expérience. Cette élévation permet une plus grande compréhension et une capacité accrue d'utiliser les énergies positives et négatives. Ces dernières sont partie intégrante et essentielle du débordement des énergies créatives des foyers individuels et collectifs qui forment la matrice plus vaste ou le design du modèle entier d'une galaxie. Il est plus facile de saisir cette vision lorsqu'elle est offerte à l'échelle universelle plus vaste que de la définir au niveau de chaque conscience individuelle, car chaque être en arrive au point de sa propre réalisation à sa manière et par des combinaisons uniques d'expériences et de sagesse. L'individu s'approche souvent de son moment de passage pour le rejeter plusieurs fois avant de finalement l'accepter. Cela exige une bonne dose de courage que d'adopter une perspective nouvelle et différente de l'expérience de la vie. Cela exige l'abandon de leçons bien apprises pour endosser une conscience complètement nouvelle de ce qu'est vraiment la réalité. Pour ceux qui vivent actuellement sur la Terre, les tromperies sont d'une telle ampleur et la vérité sur la nature de chaque être est si bien cachée que l'acceptation de la vérité par les masses représente au niveau de la conscience un pas de géant d'une envergure telle qu'il semble impossible qu'il se produise. Pourtant, cela doit se faire si ce segment de la race humaine et ce bijou de planète doivent survivre.

Si nous observons la situation avec un certain recul, les tromperies infligées aux Terriens nous apparaissent si totalement illogiques qu'il est absolument étonnant que si peu d'entre eux n'aient découvert la vérité. Nous vous l'accordons, nombre d'individus résonnent immédiatement avec l'idée que certains leur ont menti quand nous leur présentons la possibilité qu'ils aient été trompés ; ils en contemplent d'abord la possibilité et ils en arrivent à la conclusion de sa probabilité. Cependant, les Terriens qui s'accrochent aux tromperies avec ténacité représentent une écrasante majorité. Par conséquent, on peut anticiper une période d'intense chaos avant qu'un coefficient mathématique d'êtres qui réalisent et font le changement de conscience nécessaire soit atteint et qu'il amène une transformation de l'expérience future sur cette planète. Il se peut que la planète elle-même puisse ou ne puisse pas survivre à l'abus qu'elle subit. Afin de permettre aux citoyens galactiques d'apporter une aide accrue pour remédier à la situation, un grand nombre de « citoyens de la Terre responsables » doivent en faire la demande pour sauver la planète d'abord et l'ensemble des habitants en second lieu. Mais pour l'instant, ce sont des demandes d'aide pour assurer le salut personnel que nous recevons et non des demandes d'aide pour l'ensemble planétaire qui, pourtant, inclut automatiquement l'aspect personnel.

Nous présentons donc ces concepts comme sujets de réflexion à ceux qui choisissent de lire ces messages et de les accepter en tant que suggestions qui valent la peine qu'on y réfléchisse et qu'on les mette en pratique. Notre inquiétude est que le « concept composite de Dieu » auquel chaque conscience a droit de contribuer en tant que conscience réalisée ne devienne la prochaine cause de souci pour les êtres humains éveillés et informés qui attendent la prochaine étape de leur tâche assignée.

Chapitre 3

Tout bien considéré, c'est la transition de la conscience vers la citoyenneté responsable qui est l'objectif. Tout le reste découle de ce choix. Il fut offert d'amener les É.-U. à l'existence en tant que partie de l'expérience mais la conscience des individus n'était pas encore suffisamment mature pour que les buts puissent être maintenus. Au lieu de cela, l'avidité qui exigeait l'exploitation des ressources fut plus forte que l'engagement envers un projet de vie de l'âme. Ces expériences furent donc accordées pour les leçons qu'elles allaient livrer. Nous ne savons pas encore si ces leçons seront apprises, comprises et transformées en sagesse par un nombre suffisant de gens pour sauver cette planète. Des choix doivent être faits afin de placer l'ensemble sur un pied d'égalité avec l'individu, dans la considération du résultat désiré.

Ceux à qui on a demandé de donner leur vie afin de défendre leur pays ou de placer les idéaux de leurs chefs au-dessus de ceux d'autres individus et d'attaquer ces derniers, ont permis que l'illusion d'un ensemble soit plus importante que l'individu. C'est le sacrifice suprême. Quand la considération de l'ensemble et la considération individuelle sont d'importance égale, la guerre n'est pas une option à moins que le déséquilibre ne s'exprime sous forme d'attaque. Toutes les autres options doivent d'abord être prises en considération avant qu'une attitude défensive ne soit reconnue comme étant appropriée. Quand il y a équilibre, il y a progrès. On se souviendra que le jeu des énergies positives et négatives génère la spirale du progrès. Par contre, les extrêmes de ces deux pôles produisent la régression ou la perte du progrès ascendant.

　　Un autre ingrédient qu'on doit prendre en considération dans le contexte de la guerre est la très familière attitude de victime. On doit se rappeler que la Loi d'attraction fait en sorte que la victime attire vers elle ceux dont la conscience ressemble à la sienne, mais du côté qui lui est opposé, comme les deux faces de la médaille. Ceux qui se sentent abusés attirent vers eux ceux qui leur procureront davantage de cette expérience d'abus jusqu'à ce qu'ils laissent tomber cette attitude. La guerre sert donc un but en forçant les victimes à se rassembler et à faire l'expérience du pouvoir de repousser l'agresseur. À ce moment-là, ou bien le pouvoir personnel leur revient, ou les victimes impliquées retournent dans un camp ou dans l'autre, de chaque côté de l'expérience de victime. Ce changement de côtés se poursuit jusqu'à ce qu'une prise de conscience se fasse qui leur permette de transcender cette expérience. C'est cette dynamique portée à l'extrême que vous voyez en ce moment se jouer sur votre planète.

　　Ceux qui se préparent à aider la planète et ses habitants à traverser ces expériences et à poursuivre le travail qu'ils ont choisi pourront le faire en adoptant une vue plus globale de la situation. On ne peut modifier à leur place l'expérience de ceux qui sont impliqués. La conscience à l'intérieur de chaque groupe impliqué doit se transformer, au niveau individuel comme au niveau collectif. La conscience du groupe que chaque leader représente affectera les décisions de ce leader et aucun degré d'influence extérieure exercée sur lui ne changera cela. Un des rares moyens de contrôle utilisés par l'autre équipe est le « remplacement » de ce chef, habituellement au moyen de l'assassinat. De cette manière, les contrôleurs ralentissent le processus en cours ou ils le modifient à l'aide du chaos qui accompagne le changement de leadership, habituellement en faisant croire au groupe que le parti adverse est responsable de la mort de leur chef. Dans un cas pareil, le discernement est la clef et c'est une occasion unique pour le groupe observateur d'influencer le résultat en faisant circuler la vérité.

C'est en comprenant ce vaste tableau que ceux qui se sont portés volontaires pour assister la pensée divine en arriveront possiblement à réaliser que leur participation est l'élément clé qui permettra à cette planète et à ses habitants de faire la transition vers une expérience plus grande de vie manifestée. Les religions actuelles enseignent que le pouvoir personnel est accordé par un pouvoir inconnaissable et par une bureaucratie gouvernementale. Ces deux entités ont été créées pour faciliter l'établissement et le maintien de l'esclavage. Alors, comment procéder à l'éducation des masses ? On se souviendra que ce sont les quelques premiers à s'éveiller et à réaliser l'existence du canular qui sont les plus difficiles à convaincre de cette réalité. Ce petit groupe est donc précieux et son éducation doit se poursuivre ; le processus sera d'ailleurs plus facile à mesure que le nombre de participants augmentera. Bien que ce groupe paraisse pitoyablement réduit comparé aux milliards d'êtres qui composent la conscience collective sur la planète, rappelez-vous qu'il a littéralement fallu à l'opposition des milliers d'années, voire une éternité, pour atteindre le niveau de contrôle qui a cours en ce moment.

Un changement dans les compréhensions qu'ils ont nourries lentement et entretenues avec soin peut se produire en un laps de temps très, très court parce qu'elles sont illogiques. L'esprit des êtres conscients recherche constamment la logique afin de se garder positionné à l'intérieur des perceptions linéaires de temps et d'expérience de vie. L'illogisme est une forme de chaos et l'assimilation de l'illogisme dans une séquence logique requiert une grande quantité de concentration. C'est une des raisons qui portent les gens à tellement rechercher le repos et le divertissement dont ils sont affamés. Une fois les idées illogiques identifiées, le processus de la pensée séquentielle se reprogramme alors de lui-même, un peu comme un ordinateur qui réarrange ses données selon une combinaison plus efficace. Quand l'illogisme est perçu et que le nouvel arrangement d'enregistrement des données prend place, les autres données illogiques sont alors identifiées et la recherche va de l'avant pour identifier davantage de données illogiques à éliminer.

De grands changements dans la conscience de la masse peuvent s'accomplir de cette manière.

Chapitre 4

À mesure que les travailleurs de la lumière sur cette planète acquièrent une compréhension de la complexité de la situation et de sa vastitude, il leur est utile de continuer à élargir leur vision d'ensemble pour inclure une plus grande compréhension du monde galactique dans lequel ils jouent un rôle si important. Cette compréhension doit leur permettre de consolider leurs rôles d'observateur pour décoder le chaos que chacun verra se dérouler autour de lui et le dépasser. Par le biais de ce processus d'observation à l'intérieur du chaos, les membres de l'équipe au sol seront capables de se placer dans des endroits sécuritaires, non pas cachés mais en mouvement dans le chaos. C'est une expérience d'observation du moi en mouvement, un processus d'occuper littéralement deux champs de conscience en même temps.

En termes simples, un moyen d'entamer ce processus est de devenir conscient que chaque individu est, au même moment dans le temps séquentiel, un individu avec son propre ordre du jour et aussi un membre de la famille, de la communauté, de l'État, de la nation et de la totalité planétaire. Si chaque statut existe en lui-même, il fait pourtant partie de l'expérience terrestre en son entier. Chaque personne voyage en pensée d'un rôle à l'autre tout en maintenant sa stabilité. Autre exemple pratique : un vraiment bon acteur possédant sa propre personnalité peut également endosser celle des personnages qu'il joue et se déplacer de l'un à l'autre sans perdre de vue l'existence de chacun. Les travailleurs de la Lumière, les membres de l'équipe au sol, peu importe le terme que chacun choisit pour lui-même, doivent apprendre à marcher en équilibre sur deux mondes à la fois. Il serait sage de commencer à pratiquer l'art de l'attention divisée. Ce n'est rien de plus qu'une acceptation de la situation telle qu'elle est. Il y a ceux qui trompent et il y a ceux qui savent que les Terriens se font tromper.

Chacun sait également qu'un monde d'expériences, nouveau et différent, attend son moment d'émergence ; mais il n'y a aucun moyen de le faire apparaître à la surface tant que celui que les habitants connaissent en ce moment ne commence à s'émietter dans le chaos. Toutefois, à mesure que la réalité actuelle atteint un degré particulier de désintégration dans le chaos, la nouvelle réalité peut commencer à se manifester. Mais laquelle des deux se matérialisera ? Celle que les planificateurs déviants ont planifiée ou l'autre que les travailleurs de la Lumière/l'équipe au sol et ceux qui sont attirés par le rêve du nouveau paradigme envisagent ? Le monde organisé de manière à être discordant par rapport au composite galactique ou le monde qui est en harmonie avec le composite ?

Un nombre critique d'êtres humains désireux de vivre une existence harmonieuse au sein des énergies de potentialité environnantes constituant cette galaxie doit être atteint pour que le nouveau paradigme apparaisse en réalité reconnaissable aux yeux des individus qui résonnent avec ce rêve. Basé sur une formule mathématique, ce nombre est plus bas que ce qu'on pourrait croire, considérant le nombre d'habitants sur Terre, et cela s'explique par le fait que ceux qui désirent cette expérience harmonieuse pèseront lourd dans la balance de par leur force de concentration sur ce désir.

Bien que la majorité des Terriens accordent leur concentration au monde que les contrôleurs ont créé, pendant la période de chaos, ils transféreront leur concentration sur le chaos même, retirant ainsi l'attention qu'ils portaient aux structures en place ; cela aura pour effet d'annuler une bonne partie du pouvoir que l'équipe adverse (d'intention négative) avait établi. C'est durant cette période que les travailleurs de la Lumière (d'intention positive) accompliront leur plus important travail. C'est pourquoi il est si important d'informer ces derniers de la raison de leur présence sur Terre, de leur apprendre à se libérer de l'influence du chaos et d'être mis au courant que ces moments de service seront les plus productifs pour la Terre et par conséquent, pour ses habitants.

La connaissance exacte de la nature du nouveau paradigme n'est pas très importante à ce point-ci ; ce qui importe, c'est de le désirer et de s'engager à faire partie de la solution ou du camp de la Lumière. Il est également fondamental que chacun s'entraîne à marcher en équilibre à l'intérieur de plusieurs états de conscience à la fois en les reconnaissant comme faisant partie de la vie quotidienne. Vous devez apprendre à choisir quelle conscience prédomine sur le moment et passer de l'une à l'autre à volonté.

La conscience est le centre de qui l'on est et de ce que l'on est. Chacun se voit présenter une occasion à facettes multiples d'apprendre à utiliser des capacités disponibles, latentes ou inutilisées. La connaissance et l'usage de ces capacités ont été cachés et déniés car leur utilisation signalerait la fin du contrôle. Il y en a plusieurs qui paraîtront assez miraculeuses. En fait, elles ne sont simplement que les applications de lois mathématiques qui existent mais que vous ne connaissez pas. Plusieurs seront incluses dans les leçons qui suivent. Elles ne vous seront pas expliquées en utilisant une terminologie compliquée ; elles vous seront présentées comme de simples leçons à mettre en application. Pratiquées et appliquées aux situations de la vie quotidienne, elles feront partie intégrante de l'expérience de vie de chacun et elles seront disponibles au besoin lors d'expériences qu'un futur rapproché vous réserve.

Nous vous suggérons de commencer à observer les rôles variés appartenant aux situations et les pensées que ces situations suggèrent dans l'expérience journalière, comme par exemple : faire partie de la tromperie et observer la tromperie. Dans ces pensées, quel rôle jouez-vous ? Celui du membre de la famille ? Du citoyen de la communauté locale ? Du membre d'une église ? Du citoyen américain consterné d'apprendre la dernière agression menée par son gouvernement ? Du citoyen de l'État qui lit les nouvelles de la dernière session du pouvoir législatif ? Et ainsi de suite. Quel rôle d'observateur ou rôle actif est-ce que chacun de vous joue en ce moment ? En jouez-vous un ? Est-ce là le rôle que vous désirez jouer ? Sinon, pouvez-vous changer de chapeau pour ainsi dire et observer à partir d'un rôle différent ? Il est important que vous appreniez à discerner en vous observant vous-mêmes où vous vous situez dans le scénario qui se déroule dans votre perception à tout moment donné. Cette pratique de jeu de rôles sera un gage de sécurité dans l'avenir.

Chapitre 5

Dans les temps à venir, ceux qui se donnent comme tâche de garder le cap durant la transition de la planète et de ses habitants auront besoin de tous les bons mots disponibles pour les encourager à poursuivre le processus. Cette matière est offerte pour ajouter à l'intention positive de ceux qui se sont engagés dans le projet, en leur fournissant des techniques pratiques et facilement utilisables pour aider à tenir cette intention en place ; l'ajout énergétique constant provenant des nombreux participants est un des principaux facteurs de soutien de l'intention. Dans la mesure où l'on peut découvrir la source de la manifestation en remontant jusqu'à la pensée qui l'a engendrée, puis jusqu'à la lumière, ensuite jusqu'à l'intention, enfin jusqu'à la potentialité, on peut percevoir le moment exact où l'intention de participer à ce processus s'amalgame au flot de la Création. Car, quel que soit le but, qu'il soit positif ou négatif, le processus est le même et disponible pour qui veut l'utiliser. C'est l'aisance du courant qui fait la différence car, tel que mentionné précédemment, quand l'intention/l'objet de la concentration résonne avec l'intention créatrice la plus haute, la manifestation se produit plus facilement. Toute manifestation désirée qui est en harmonie avec l'intention la plus élevée/raffinée reçoit une énergie de renfort, ce qui constitue une assistance avantageuse pour manifester, sans que l'auteur de la manifestation n'ait besoin d'être informé de ce que c'est ni de la manière dont elle est venue. En d'autres termes, ce qui résonne avec le plus grand plan d'ensemble attire une énergie de soutien via la Loi d'attraction.

La manifestation qui n'a pas cette résonance et qui est initiée à un niveau qui se situe en dessous de la plus haute expression ou intention exige une concentration plus intense, une attention soignée et un besoin continuel de se tenir fermement concentré sur le plan. Le plus petit détail qui dévie du plan peut causer un effet ondulatoire qui change le résultat planifié à plusieurs niveaux du processus de la manifestation. Il n'y a aucun processus de support automatique pour amalgamer harmonieusement ces changements dans le plan. Dans le cas qui nous occupe, cela rend le plan de l'équipe adverse vulnérable aux déviations et cela peut être dévastateur pour le plan tout entier sans que ceux qui l'ont mis en place et qui le maintiennent avec intention en aient connaissance.

Il est important que ceux qui supportent la manifestation du nouveau paradigme comprennent cela et qu'ils gardent fermement à l'esprit cette comparaison de la différence entre ces deux ensembles de circonstances qui sous-tendent la situation actuelle à laquelle ils ont choisi de participer. Si vous êtes familiers avec les nombreux détails des plans de l'opposition, aussi décourageants et démoralisants qu'ils paraissent être, il est entièrement possible que vous puissiez sentir la panique et l'activité frénétique qui prennent place, alors que l'équipe adverse tente de contrecarrer les effets qu'une déviation peut avoir provoqués. Ils s'occupent alors à effectuer des changements dans les détails du plan global pour compenser les effets qui se répandent tout naturellement sur l'entière situation. Cela crée une ouverture pour ajouter aux effets afin de compliquer davantage la récupération qu'ils essaient d'accomplir.

Nous offrons donc deux outils qui vous permettront de tenir fermement en place la concentration sur le nouveau paradigme. Le premier outil étant la compréhension que l'objectif le plus élevé du flot créatif l'emporte sur les autres et qu'il apporte avec lui une coordination intelligente des énergies en résonance avec cet objectif supérieur. Le second consiste à utiliser la plus grande compréhension possible de leur plan en tant que base pour observer leur processus et trouver les moments et les occasions d'ajouter à leurs difficultés de maintenir leur concentration. Simplement concentrer votre attention sur leurs dilemmes peut placer un grand stress sur leur capacité de corriger le courant d'énergie intentionnelle où tout ce passe en cachette car ce qui va à l'encontre de la Lumière doit être fait en secret et dans l'obscurité. La connaissance est une pensée qui découle de la lumière de la compréhension. Elle signale le besoin d'en connaître autant que possible sur les plans de l'équipe sombre qui entend mettre toute la planète en esclavage. Elle signale également l'importance du travail qui a été fait par ceux qui se sont engagés à enquêter, à observer, à tirer des conclusions évidentes et à partager leurs découvertes avec tous ceux qui les écoutent et qui se documentent sur la question des plans sombres. Ceux qui consacrent leur vie à exposer ce plan servent bien cette planète et ses résidents. Cette information est cruciale à la transition que doivent faire la planète et ses habitants par le biais de ce processus. Elle ne doit pas constituer le principal centre d'intérêt, mais elle servira de toile de fond à la construction du nouveau paradigme qui émergera du chaos causé par le plan sombre. Ainsi, si nous observons la scène avec un certain recul, nous constatons que la situation instiguée par les forces sombres servira en fin de compte cette portion de l'humanité et la planète qui choisissent de tirer parti de cette occasion offerte pour faire un bond sur le sentier de l'évolution.

Chapitre 6

Des événements vont bientôt se dérouler avec une grande rapidité ; cela vise à causer le chaos et nous savons que ce dernier amène la transformation dans son sillage. Certains d'entre vous redoutent cette période car vous savez la souffrance supplémentaire qu'endureront un grand nombre de gens que vous considérez comme les pions de l'innocence. Mais encore, sont-ils innocents ? Les mêmes occasions qui vous ont été offertes ont été offertes à tous, quoiqu'elles aient pu revêtir une autre apparence. Les rares individus dont l'ouverture d'esprit leur permet d'entrevoir ces possibilités et ces probabilités se trouvent maintenant éveillés à la froide réalité à laquelle font face la planète et ses habitants. Ce groupe doit également comprendre que le dilemme sera résolu selon l'ordre divin. Cette procédure se déroule dans un mode qui n'est pas linéaire mais holographique et qui atteint ses objectifs beaucoup plus rapidement par le chaos que par ce qui est perçu comme étant l'ordre. L'ordre apparent actuel n'est en fait que le cadre rigide d'une série d'expériences institutionnalisées non alignées avec la matrice galactique de progrès qui tend vers l'expansion ou l'évolution.

Ceux qui sont au service du foyer d'intention qui entend ramener cette planète dans le courant du progrès, à l'intérieur de la matrice globale, doivent faire de cette intention leur centre d'attention. Pour le moment, il est possible de visualiser cette planète comme étant suspendue dans un reflux ou contre-courant qui va à l'encontre du mouvement du flot perpétuel. C'est seulement l'intention concentrée de ce groupe spécial qui peut ramener la Terre à sa position dans ce flot. Une visualisation à l'unisson ou concordante est l'outil le plus puissant que vous ayez à votre disposition. Cet accord de mouvement correctif actif peut être diffusé en vous servant de livres tels que Manuel pour le nouveau paradigme, Embrasser le rêve et ce livre-ci et par les quelques personnes qui en ce moment focalisent activement leur énergie mentale vers cet objectif.

Bien que le groupe de participants engagés dans cette action paraisse pitoyablement petit, il est extrêmement efficace. Ceux qui sont impliqués dans cette activité ne sont pas des entités à expérience limitée ou capacités restreintes. Ce n'est pas la première fois qu'ils servent les forces qui organisent l'action en périodes de déséquilibre pour ainsi offrir l'occasion de faire des bonds vers l'avant dans l'expression et l'expansion de cette galaxie ou de toute autre. Nous mentionnons cela non pas pour nourrir l'ego mais bien pour aider chacun à reconnaître que son engagement renferme un grand pouvoir. Le temps passé volontairement en méditation individuelle ou de groupe, à focaliser sur le désir et l'intention de littéralement soutenir cette planète et de la faire passer au travers de ce processus difficile d'évolution, représente un effort qui en vaut la peine. Comme cette concentration fait partie d'un engagement continu, la Loi d'attraction lui attirera le nombre suffisant de personnes pour commencer à rassembler les énergies qui provoqueront le mouvement nécessaire dans la conscience de masse afin de recentrer les alignements qui existent actuellement. Ceux qui lisent ces livres et font circuler du matériel d'information doivent reconnaître qui ils sont, ce qu'ils sont et accepter cette possibilité ; de cette manière, le foyer se construira de lui-même en un format mathématique qui sous-tendra le processus.

Il est nécessaire que chacun de vous mette de côté sa modestie et sa réticence pour embrasser la possibilité que vous soyez une entité spéciale et puissante qui a revêtu une robe d'obscurité et oublié ses origines afin de rester inconnue jusqu'à maintenant, non seulement de vous-même mais de ceux dont les intentions sont démoniaques. Il est temps d'endosser votre véritable identité et de commencer votre service tel que vous en aviez convenu avant que cette série de vies ne soit acceptée comme faisant partie du contrat de service. Voilà qui vous êtes et voilà ce que vous êtes ; c'est ce que vous faites et c'est ce que vous avez fait auparavant. Il s'agit simplement de vous souvenir et d'adapter à la situation actuelle ce que vous savez déjà intérieurement. Il est naturel que vous soyez quelque peu réticents, étant donné le format humain qui abrite votre conscience. Nous comprenons que cela occasionne un freinage littéral ou une restriction sur votre capacité de réaliser votre vraie identité. Ces messages continuent donc le processus d'éveiller votre souvenir en stimulant votre désir de participer et en appliquant de la pression sur votre engagement à ce projet.

À mesure que vous contemplez la possibilité que ces messages contiennent une certaine vérité, les énergies du processus font leur travail et la vérité commence à s'enraciner et à grandir en vous. Le rôle qui vous est réservé dans cette « mission impossible » – c'est ainsi que votre conscient perçoit la situation – commence à se révéler dans votre expérience journalière. Un sens profond de ce qui est approprié et nécessaire monte à la surface et révèle ce qui semble la seule chose à faire. Vous n'aurez pas l'impression de faire preuve d'héroïsme dans vos activités de tous les jours mais la combinaison de ces contributions journalières venant du groupe croissant engagé à ce projet couvrira beaucoup de terrain. C'est dans l'accomplissement de ces contributions apparemment petites que grandira la vérité bien ancrée de qui vous êtes et de ce que vous êtes. Lorsque viendra le moment pour chacun de se tenir debout dans son identité et de déclarer la vérité sur l'avenir de cette planète, la capacité de le faire provoquera une transformation naturelle, puissante et essentielle, qui forcera la transition désirée à se produire. L'engagement à servir est embrassé avec enthousiasme si l'on sait qu'aucun grand sacrifice personnel n'est requis, non plus que le besoin de se tenir debout et seul devant les forces du mal et de supporter de grandes douleurs physiques.

Cependant, nous admettons l'existence de quelques exceptions à ce modèle de service. Ceux qui ont accepté des rôles plus risqués sont bien conscients de leur identité et de leur engagement à ce niveau de service. Pour ces rares personnes, loyauté, aide spéciale et conseils sont constamment disponibles. Ces êtres spéciaux engagés dans le leadership au cœur de ce foyer de service sont vraiment bénis.

Chapitre 7

Les êtres humains qui résident sur cette planète sont tenus en esclavage depuis longtemps. Ils ont été coupés de l'évolution naturelle qui aurait permis à chacun de réellement comprendre la nature de sa Source et sa raison de faire l'expérience de l'existence manifestée. On a dénié à la population la connaissance des lois qui gouvernent cette galaxie et un enseignement adéquat. Au lieu de cela, toute la connaissance offerte fut teintée de mensonge. Les surveillants de cette galaxie ont donc décidé de mettre immédiatement un terme à cette pratique. Cependant, le choix de modifier cette expérience revient aux habitants de cette planète, individuellement et collectivement. Les tromperies de longue date se sont enracinées dans la conscience humaine et elles ont grandi. Par conséquent, la décision du Conseil galactique aura peu ou pas d'effet jusqu'à ce que les résidents de cette planète choisissent de changer leur expérience. Cependant, une fois la décision prise par les Terriens et lorsqu'un pourcentage suffisant de gens qui désirent le changement aura été atteint, la capacité d'activer la transformation se manifestera facilement et irrévocablement.

Maintenant la question se pose, à savoir qu'est-ce que le Conseil galactique décidera exactement de faire pour assister cet effort ? Cela veut dire que ceux qui utilisent à mauvais escient les lois qui soutiennent l'existence manifestée n'ont plus à leur disposition le même influx d'énergie pour supporter leurs activités comme c'était le cas auparavant. Il y aura un décroissement ou un abaissement de cette énergie de soutien. Cela provoquera un effilochement de leur plan global. Ces stratégies soigneusement élaborées commenceront à donner des résultats imprévus qui causeront des effets ondulatoires inattendus qui ne donneront pas les effets espérés ni le degré de succès escompté en vue d'atteindre l'objectif anticipé.

Les êtres humains éveillés et informés sur les activités de l'équipe adverse sont au courant que cette dernière a un plan, un plan anticipé et brodé. Mais en réalité, ce plan n'est pas nécessairement bien élaboré. Il est important de comprendre clairement cette nuance. En fait, le plan existe à l'état squelettique. Il est ouvert à bien des variations et il contient plusieurs failles dont l'équipe n'est pas consciente. Ceux qui désirent voir apparaître un changement dans la vie des humains assiégés, aux niveaux des occasions et des expériences disponibles, ont intérêt à bien se rendre compte que leurs intentions d'arrêter l'élan et de changer le dénouement de ce plan d'esclavage soigneusement élaboré constituent les flèches qui vont le détruire. Votre intention de retirer le support accordé, la croyance et la participation à ce plan le fera s'écrouler de lui-même, entraîné par son propre poids. Au plan du déversement des énergies créatrices expansives, c'est l'objectif intentionnel qui détermine la direction du flot.

Le plan de mise en esclavage fait suite à l'intention de détruire et d'asservir de grandes portions de l'humanité pour résoudre un problème causé par ceux-là mêmes qui ont contrôlé cette planète et ses habitants dès le départ. Cette situation résulte des décisions des contrôleurs en ce qui a trait à l'utilisation de la planète et de ses habitants depuis le début. De plus, elle s'est compliquée davantage par l'addition de divers groupes humains venant de plusieurs autres endroits de la galaxie qui ont été rajoutés aux groupes de citoyens déjà présents et contre leur gré. Il existe là une société complexe qui offre un dilemme intéressant à ceux qui désirent contrôler la planète.

Il y a ici deux intentions qui s'opposent : l'esclavage et la liberté. Si ce n'était de l'apport des citoyens venus d'ailleurs, le plan visant l'esclavage aurait été complété il y a longtemps. Ceux qui, au tout début, avaient été littéralement conçus (en laboratoire) pour être des esclaves, étaient dépourvus de bien des caractéristiques humaines. Cependant, l'apport génétique des habitants venus d'ailleurs s'est maintenant répandu partout dans vos branches généalogiques. Bien qu'il y ait encore des poches de variations génétiques pures au sein de la population, il existe un fort pourcentage de combinaisons génétiques qui confondent ceux qui projettent de contrôler les citoyens. Des actions et des réactions inattendues continuent de déranger les plans qu'ils ont établis avec soin.

Par conséquent, il est important que ceux qui comptent voir cette situation se jouer différemment du scénario planifié, comprennent que leur intention de créer un nouveau dénouement aux événements en cours contient le potentiel de réussite nécessaire. Une fois cette compréhension intégrée, l'engagement devient plus facile et plus réaliste. C'est comme l'épée laser de votre film populaire. Cette intention, en harmonie avec l'intention galactique relative à l'évolution par le biais du libre choix de l'expérience, devient alors un outil puissant de changement entre les « mains » de ceux qui comprennent son utilité et qui apprennent à le manier en temps opportun et aux moments du plus grand effet. La connaissance et la compréhension des intentions de la force opposante peuvent être utilisées à grand effet pour libérer cette planète jusqu'ici utilisée en tant que source de minéraux et lieu de déportation pour étrangers humains inadaptés. L'évolution vers des niveaux plus complexes a été rendue possible pour un certain pourcentage des habitants par le réalignement des combinaisons génétiques. Ce pourcentage présente maintenant le quotient nécessaire pour permettre l'intégration de cette planète à la citoyenneté galactique, s'il est possible d'éveiller ce groupe et de le cimenter par l'intention de tirer parti de cette opportunité.

Chapitre 8

À mesure que les membres disposés à le faire s'éveillent à la situation critique qui les entoure, il est clair à leurs yeux que la situation est en effet sérieuse et qu'aucune résistance physique, si élaborée soit-elle, ne peut la modifier. Il est également clair que quelque chose d'autre doit être fait pour que leur future expérience sur cette planète soit différente. De plus, une vue d'ensemble démontre clairement que le manque de connaissances et de compréhension de l'histoire de l'origine des habitants, aussi bien que l'absence d'une véritable raison d'exister sur cette planète, les ont laissé dénudés et à la dérive, comme une épave sur la mer. Il y a au fond de la conscience de chacun une stupeur lasse qui dit : « Pourquoi se tracasser ? Y a-t-il une raison valable qui justifierait que je m'efforce de maintenir la vie dans ce corps physique ? Où est cette utopie promise en récompense pour m'être efforcé de vivre une vie humaine ? Est-ce qu'elle existe même ? Y a-t-il seulement une courte période de repos avant de recommencer une autre vie de tromperie et de frustration ? Pourquoi cette impression de participer à une spirale d'expériences qui nous ramène au même vieux schéma, vie après vie ? »

Le vent, le vent du changement, vous apporte la réponse. Vient un moment où les modèles de pensée que nous venons de mentionner changent. L'être conscient cherche alors un but, non pas dans le monde des cinq sens qu'on appelle la réalité, mais à l'intérieur de lui-même. Chaque personne est appelée à découvrir sa raison d'être au cours de sa vie ; cette recherche n'appartient pas au monde de l'effort, mais seulement à celui de l'espace intérieur qui se trouve au centre de la « conscience qui se connaît elle-même ». Cette conscience de soi était le cadeau de « l'arbre de la connaissance » que les enseignements religieux vous ont présenté comme étant une grande erreur. C'est ce cadeau qui a fait passer les êtres humains du royaume animal à celui des êtres qui « savent qui ils sont et ce qu'ils sont ». Alors, qui sont-ils et que sont-ils ? Des êtres très peu différents de vous qui lisez ces messages. Ils peuvent peut-être faire un plus grand usage de leur cerveau, ce qui leur permet de savoir et de faire des choses qui paraissent miraculeuses à ceux de moindre compréhension. Cependant, si vous regardez le progrès que vous avez accompli dans ce domaine au cours du siècle qui vient de se clore, vous constatez que la recherche et l'acquisition d'une plus grande connaissance ne change pas grand chose au dilemme de découvrir qui vous êtes et ce que vous êtes. Ces « dieux » qui sont venus et repartis selon leur bon vouloir et qui vous ont laissés dans un tel état d'admiration face à leurs réalisations que vous les adorez comme s'ils étaient omniscients, le sont-ils vraiment ?

Les recherches archéologiques ont permis la découverte d'objets ayant appartenu à des civilisations passées ; ces objets ont été étudiés et catalogués et ils sont maintenant disponibles à ceux qui veulent se prévaloir de l'opportunité d'étudier et de tirer des conclusions. Pour ces individus, il est clair que l'humanité a été manipulée à s'engager sur le sentier bordé de roses mensongères. Des êtres humains innocents, à la recherche de leur raison d'être et de leurs origines, se virent enfoncer dans le crâne une idéologie après l'autre tout simplement pour les garder dans l'obscurité et l'ignorance. Et pourquoi donc ? Dans quel but des êtres plus intelligents ont-ils délibérément méconduit leurs compagnons planétaires et détourné leur destin évolutif du progrès plutôt que de les guider vers l'avant et vers le haut afin qu'ils puissent embrasser leur citoyenneté et leur pleine responsabilité dans la famille galactique ? Pourrait-il y avoir un défaut de caractère dans l'expression génétique de ce groupe particulier d'êtres manipulateurs ? Est-ce que ce défaut de caractère pourrait avoir été transmis aux membres de l'humanité dont le sang fut mêlé à ces êtres apparemment supérieurs ?

Le courant expansif des énergies universelles qui sous-tendent la manifestation de potentialité dans son expression exige que la connaissance soit éprouvée en sagesse. Il y a au centre de tout, une infinie patience, pour que cela s'accomplisse dans le cadre d'une expression non linéaire. C'est un concept que l'esprit humain comprend difficilement, à moins qu'il n'ait été complètement activé. Dans l'expérience holographique, des interactions simultanées prennent place sans les limitations qu'occasionne la division du temps en portions linéaires ou séquentielles. En d'autres termes, les mêmes expériences qui semblent se suivre les unes après les autres dans la perception de ceux dont le cerveau/mental est moins actif, se déroulent simultanément en fait dans d'autres formats d'expérience. Alors, une image se forme avec plus d'une activité en marche, sans restriction de temps pour la commencer ou la terminer, car tout est en mouvement constant avec seulement des périodes de repos au cours desquelles l'activité cesse momentanément. Ces périodes momentanées d'inactivité sont ces instants de réalisation où la sagesse acquise à partir de la connaissance éprouvée pointe vers des éléments de compréhension. L'acquisition de la sagesse permet au processus de se poursuivre de manière expansive.

Les défauts de caractère apparents qui ont tenu le genre humain dans l'état chimérique d'une connaissance fausse et trompeuse impossible à éprouver en sagesse, se présentent sur deux plans. En premier lieu, on retrouve déjà cette faiblesse chez les êtres mieux informés, autoproclamés seigneurs de cette planète, qui protégeaient jalousement leur supposée supériorité. En deuxième lieu, les êtres humains se croyaient inférieurs, donc juste bons à jouer les pions pour leurs seigneurs et maîtres. Mais, ce n'est pas parce que des individus ont moins de compréhension qu'ils ont moins de potentialités. C'est la potentialité qui est la mesure de la valeur et l'espèce humaine a des potentialités égales à toutes les autres expressions de conscience de soi. C'est en comprenant cela et en demandant l'occasion de s'exprimer elle-même dans ces potentialités que la race humaine sur cette planète se libérera pour accomplir son objectif. Cette demande, conséquence d'une décision personnelle, partira de l'intérieur de chacun des participants ; elle fera passer ces derniers de leur condition de victime/esclave à celle de propriétaire souverain de son propre avenir, au plan individuel comme au plan collectif. C'est un soulèvement de l'intérieur qui fera son chemin dans un ordre adéquat jusqu'à devenir une réalité d'expérience connue sur cette planète. Combien de temps ce processus prendra-t-il pour s'accomplir dans la réalité du temps linéaire qui passe par l'ego humain (la capacité d'observer) à ce stade-ci de l'évolution ? Il appartient à l'humanité elle-même de répondre à cette question.

Chapitre 9

Le dossier relatant le développement des Terriens se présente en noir et blanc, c'est-à-dire qu'il est constitué d'expériences positives et négatives. En tant que composite global et du point de vue d'une spirale d'ascension, les résultats sont plutôt lugubres, c'est le moins qu'on puisse dire. Quelle que soit l'aide apportée, elle a été tordue et honteusement transformée en désinformation. Les éléments que certains ont découverts intuitivement ont été cachés ou détruits et ces êtres humains doués furent emprisonnés ou tués. Le genre humain a été tenu délibérément en captivité mentale, émotive et spirituelle. « Pourquoi Dieu a-t-il permis que cela se produise ? » Voilà une vieille question qui remonte encore à la surface. Une fois de plus, nous sommes en présence d'un sophisme accolé à un personnage créé en tant que « Dieu ». La question est adressée à un être suprême vivant à l'extérieur de l'âme et détenant le pouvoir sur l'expression individuelle de toute vie. C'est le transfert de ce respect mêlé de crainte qu'éprouvaient les humains à une époque reculée envers des êtres de statut apparemment supérieur qui les visitaient ou vivaient parmi eux ; ces êtres avaient produit des modèles humains qui leur ressemblaient partiellement en vue d'en faire des esclaves au service d'un être supérieur omniscient qui promettait la bienveillance mais qui la fournissait rarement. En d'autres termes, ce « Dieu » dont on espère qu'il a le pouvoir de tout contrôler, n'existe pas et n'a jamais existé.

L'attribut de conscience de soi qui réside à l'intérieur de chaque individu est disponible pour tout être qui s'est élevé au-dessus du statut d'animal ; il est là pour être mobilisé et dirigé et il fournira la bienveillance que « chacun sent qu'il mérite ». Mais cet attribut peut aussi être exploité par des influences extérieures. Cela nous ramène à la compréhension que chacun possède de lui-même, relativement à son identité et sa nature. L'individu a la capacité de choisir et de décider comment faire l'expérience de sa réalité manifestée selon sa conscience. C'est le pouvoir du libre arbitre qui propulse les uns et les autres vers une plus grande expérience éprouvée en sagesse ou qui leur permet de régresser dans des expériences moindres d'esclavage et de déchéance. Ces décisions ne sont pas prises d'un seul coup ; elles s'intercalent parmi toutes les expériences vécues à partir de l'enfance. Malheureusement, ces décisions sont grandement influencées par l'expérience des parents, dès la conception de l'enfant. Par conséquent, nous retrouvons chaque génération avec, sur le dos, la difficulté de vaincre cette influence génétique, en plus des fausses idées implantées par les pions des seigneurs autoproclamés de cette planète.

C'est seulement en reconnaissant et en acceptant ce dilemme

dans ses vraies dimensions que les membres engagés de la race humaine peuvent trouver un point d'équilibre à partir duquel ils peuvent construire une compréhension viable de leur identité et de leur nature profonde. Le genre humain n'a pas encore endossé son plein statut ; c'est un fait qu'il est nécessaire d'accepter. Il est tout à fait possible d'atteindre ce plein statut actif de potentialité humaine mais cela requerra bien sûr une assistance. Tel que mentionné précédemment dans ces messages, lorsqu'un nombre suffisant d'êtres humains sur cette planète auront accepté le fait que l'aide doit d'abord venir de leur propre processus de décision, cette assistance pourra être mise à leur disposition. Les Terriens doivent d'abord accepter que ce sont leurs propres ressources intérieures qui assureront leur libération ; c'est une condition préalable à l'arrivée du support. C'est seulement après avoir réalisé cela qu'ils pourront demander de l'aide de leurs frères et sœurs galactiques. Le « Dieu » tant recherché par les membres désillusionnés de l'humanité qui le perçoivent comme leur sauveur existe seulement sous forme de composite de toutes les unités de conscience manifestée qui sont en expansion ad infinitum. Il est nécessaire de reconnaître cette conscience manifestée et de décider si oui ou non vous en ferez partie de manière responsable et contributive afin de pouvoir aller plus loin dans le cadre de son processus.

Revenons-en maintenant à la question du mauvais emploi de l'humanité par ses seigneurs autoproclamés. Comme nous l'avons mentionné précédemment, les lois qui autorisent la potentialité à s'exprimer dans la réalité manifestée afin que la connaissance puisse être éprouvée en sagesse et en progrès fournissent un cadre au processus. La Loi d'attraction est la loi de base. Alors, les seigneurs autoproclamés ont fait croire dès le départ aux Terriens que la connaissance et la sagesse étaient leur lot en tant qu'êtres supérieurs et qu'ils en étaient les dispensateurs. De plus, ils laissaient croire aux humains que cette connaissance et cette sagesse leur seraient dispensées s'ils consentaient à adorer leurs seigneurs et à leur vouer un culte. Cela a engendré la croyance que les êtres humains sur cette planète existent à la merci de ceux qui détiennent cette sagesse supérieure.

Le temps passant, cette croyance fut manipulée encore davantage jusqu'à ce que les humains soient convaincus que cette entité supérieure était revêtue d'une conscience inconnaissable possédant tous ces attributs que leurs seigneurs démontraient. Ces derniers toujours présents se sont cachés derrière ce « Dieu inconnaissable » pour opérer, retenant l'humanité en otage non seulement pour profiter des ressources de la planète mais pour faire une dernière expérience de manipulation sur les humains et pour les utiliser véritablement en tant que divertissement. Nous avons mentionné cet élément au 2e livre lorsque nous avons déclaré que vous étiez leur « jeu électronique de réalité virtuelle » personnel. Malheureusement, cette déclaration est plus proche de la vérité que de la fiction. [Note de la traductrice : Voir les films « Le treizième étage » (The thirteenth floor) sur vidéocassette et la série « La Matrice » (The Matrix). Ces films illustrent assez bien le fait que nous pourrions être le divertissement d'êtres utilisant une technologie et une connaissance supérieures aux nôtres.]

En acceptant la présentation de la situation faite par les seigneurs et en l'amalgamant à leur conscience collective, les Terriens ont ainsi magnétisé vers eux d'autres factions qui sont disposées à exploiter ce système de croyances en entier. Cela cadre avec les Lois universelles en action. Il en restera donc ainsi jusqu'à ce que l'humanité se sorte littéralement de cette situation. Vos frères et soeurs galactiques informés de votre dilemme planétaire désirent ardemment que vous en veniez à découvrir votre véritable position. Il n'y a aucun moyen d'accomplir cela facilement étant donné la fausse information et les tromperies qui sont si bien incorporées à vos systèmes de croyances.

L'espoir repose sur la possibilité que la frustration des Terriens atteigne un degré suffisamment intense pour qu'ils commencent à accepter l'idée que virtuellement tout ce qu'ils ont appris est inexact. Le nouvel élément de compréhension le plus important qu'ils aient à intégrer est celui-ci : la situation ne changera pas tant que chacun ne prendra pas la responsabilité personnelle de clarifier les questions de son identité et de la nature profonde de son être. Tant qu'un quotient mathématique critique du nombre d'individus qui endossent une nouvelle perception n'est pas atteint, l'ensemble du système de croyances ne changera pas à l'échelle planétaire. Combien de temps cela prendra-t-il ? Cela dépend de la vitesse de dissémination de cette compréhension parmi tous les groupes qui vivent actuellement sur cette planète. La responsabilité de la dissémination de l'information revient à ceux qui la comprennent. Alors, et seulement à ce moment-là, l'avenir prendra-t-il une nouvelle forme.

Chapitre 10

Le plan visant le contrôle total de cette planète exige maintenant que les libertés de ses habitants disparaissent, y compris celle de penser ; mais au même moment, le désir des habitants d'élargir leur expérience s'active. C'est l'incapacité des humains à se connecter au plus grand aspect de l'âme qui permet aux contrôleurs de continuer d'étouffer leur conscience. Les contrôleurs croient qu'ils sont les seuls responsables de la création des êtres humains qui habitent la Terre. Ils ont procédé à des manipulations génétiques en laboratoire, puis ils ont introduit les premiers embryons chimiquement manipulés dans leurs propres corps, donnant ainsi naissance à une première génération. Ils sont donc persuadés que les êtres humains nés de cette expérience sont leurs produits et leurs possessions personnelles. Mais ils ne reconnaissent pas qu'en tout premier lieu, la connexion divine se devait d'être présente. Les êtres de base dont ils se servirent n'étaient pas de leur création et ils possédaient en eux-mêmes la capacité d'évoluer au fil du temps en une forme d'êtres humains complètement fonctionnels. La même pensée créatrice qui les tenait présents sur cette planète tient également les contrôleurs dans leur propre expression.

Il est nécessaire de remonter plus loin en arrière dans le processus des lois de l'univers qui permettent que la conscience manifestée soit présente. La potentialité s'est elle-même mise au monde pour explorer les possibilités qui lui sont inhérentes. Pour y arriver, il lui faut observer ses processus en action. Cette capacité d'observer est ce qu'on appelle la conscience. Donc, pour créer des situations, des circonstances et des phénomènes observables et en explorer les résultats, il faut que la capacité d'observer et de tirer des conclusions en rapport avec le processus soit présente dans la totalité. La potentialité première, la Source, s'est donc manifestée en une variété de foyers ayant la capacité d'observer, d'expérimenter et de tirer des conclusions logiques ; ces foyers créèrent à leur tour des variétés sans fin d'autres foyers ayant des capacités similaires. Tous et chacun procèdent à leur manière et la somme totale de leur expérience influence la potentialité d'expression dans un foyer donné plus vaste. Autrement dit, on peut conclure que les expériences positives et négatives renvoient leurs données à un foyer collectif pour en élargir la conscience en vue d'obtenir une vue d'ensemble plus élaborée. Lorsque les foyers de conscience individuels ne parviennent pas à comprendre le but général de la conscience de soi et qu'ils ignorent la présence de cette plus grande conscience, ils finissent par s'empêtrer dans leur propre expérience et ils se coupent de la totalité à laquelle ils appartiennent. Il se produit alors ce qu'on pourrait appeler un trip de pouvoir. Votre vocabulaire contient une expression encore plus crue qui fait référence à cette situation. (Ils sont dans la merde.) Alors, l'humanité est assise en ce moment au beau milieu de cette référence. La responsabilité de solutionner ce type de situation doit appartenir à ceux qui la vivent, en vertu d'un certain ingrédient que l'on retrouve dans le format des lois universelles. Cet ingrédient s'appelle le libre arbitre ou le choix ou la responsabilité de la décision. L'humanité possède le libre arbitre ; elle peut donc choisir de changer d'expérience ou de poursuivre celle qui est en cours. Si ce n'est là rien de nouveau et que nous l'avons déjà mentionné à plusieurs reprises au cours de ces messages, c'est qu'il n'y a aucune autre solution. C'est en ce sens que cette solution vous est répétée encore et encore, sur tous les tons et dans tous les contextes et approches possibles, car nous voulons être aussi clairs et aussi catégoriques que possible sur ce point.

Inutile de dire que s'il y avait eu une autre façon de solutionner votre dilemme, elle serait certainement apparue dans l'information qui est à votre disposition. Il est impératif que la responsabilité de créer ce changement d'expérience soit fermement implantée dans l'attitude et dans la compréhension d'autant d'esprits humains que possible. La possibilité d'arriver à accomplir cet objectif semble mince dans le contexte des mesures de contrôle écrasantes dont vous faites l'objet. Cette répression devrait en elle-même indiquer que de telles mesures sont nécessaires pour étouffer la puissante potentialité que contient l'esprit humain, une fois qu'il se forme une opinion commune ou un foyer. Quand le genre humain dirige sa concentration vers un objectif, connaissant bien le pouvoir qu'il a de créer lorsqu'il y a accord sur un unique objet de concentration, il ne peut en aucune façon être contrecarré, particulièrement si ce foyer est en harmonie et en accord avec la pensée d'autres citoyens dans la communauté galactique environnante. Alors, comment amener un groupe chamailleur d'êtres opiniâtres à s'accorder ? Les contrôleurs essaient de le faire, mais c'est uniquement en vue de servir leur cause. En enrégimentant les pensées de l'humanité pour qu'elles focalisent sur leur but, ils enrégimentent également et de plus en plus les schémas de la pensée subconsciente vers la résistance et l'opposition aux objectifs qu'ils visent. En d'autres termes, ils participent également à organiser l'échec possible de leurs plans. Bien qu'ils aient réussi dans le passé à garder l'humanité sous contrôle, cette fois-ci, leurs homologues humains sont plus intelligents, bien plus éduqués et ils ont goûté à plus de liberté que jamais auparavant. Cela leur donne une meilleure occasion d'en venir à un accord massif, en particulier avec la capacité encore présente de se connecter par le biais des moyens de communication disponibles. Bien que des plans pour mettre fin à cette capacité soient définitivement dressés, l'opportunité de se prévaloir de l'utilisation des moyens de communication et d'en tirer parti est toujours présente.

Espérons que ces messages, même s'ils contiennent une matière bouleversante et décourageante, offrent aussi de l'espoir et qu'ils suggèrent des occasions pouvant être utilisées par les humains éveillés et informés. L'avenir peut encore offrir la promesse d'une transition de la planète et de ses habitants vers la vraie liberté de retrouver le sentier de l'évolution. L'avenir n'a pas besoin d'être sombre ni de contenir un engagement à l'esclavage perpétuel.

Chapitre 11

À mesure que le lecteur franchit les multiples étapes qui l'amènent à saisir la réalité de l'humanité dans son vaste ensemble et la conjoncture critique actuelle, ses perceptions changent, elles évoluent, et ce processus lui devient familier et acceptable. La matière offerte fut tout d'abord présentée à un niveau simple ; puis, elle a changé de niveau pour présenter des concepts plus complexes. Le moment est venu de vous expliquer la nature de ceux qui continueraient à tenir l'humanité en captivité. De même qu'ils ont tenté de découvrir vos capacités pour s'en servir à leurs fins, vous devez vous aussi comprendre vos contrôleurs. Bien qu'ils aient passé la « connexion divine » sous silence dans leur analyse de l'être humain et qu'ils se soient attribué exclusivement ce pouvoir, par contre, ils comprennent assez bien les autres attributs des humains. Il est important que ceux qui ont contemplé l'information de ces messages aient une compréhension claire et équilibrée du tableau dans son ensemble et pour y arriver, ils doivent mieux connaître l'équipe adverse.

Le flot expansif de création s'élargit non seulement en manifestant de nouvelles planètes, des étoiles supplémentaires, des galaxies, etc., mais il soutient également une expansion illimitée de la conscience. Pour le mental/cerveau qui n'opère pas à sa pleine capacité, il est difficile de contempler la signification de concepts tels que l'infini et l'éternité. Dans le cadre de ces concepts, il y a place pour les incursions dans les expressions positives et négatives car elles viennent nourrir les expressions de connaissance et de sagesse à l'intérieur du composite collectif. Comparée à l'ensemble, chaque conscience individuelle semble n'être qu'un grain de sable sur la plage ; cela en porte plusieurs à questionner l'importance de leur expérience personnelle. Est-ce que chacun a si peu de valeur que sa douleur et sa souffrance ne signifient rien pour cette conscience composite ? Cette dernière est-elle même au courant de l'existence de toutes ses parties ? Encore une fois, le cerveau/mental qui s'est concentré uniquement sur lui-même et sur son expérience personnelle s'est coupé de cette intégrité dont il fait partie. C'est pourtant la contemplation du tout et de sa signification qui lui permet d'y participer. Lorsque la conscience s'ouvre pour s'inclure volontairement dans le composite, c'est là que son importance pour ce composite devient visible.

Puisque les ancêtres des Terriens arrivèrent à l'existence sous les auspices d'une conscience de groupe qui était centrée sur sa propre importance, les Terriens ont donc hérité de cet attribut. En contemplant un nouveau paradigme d'expérience, le désir de s'inclure dans le composite intégral plutôt que de rester centré uniquement sur soi-même est la clef qui ouvrira la porte vers la liberté que l'humanité requiert comme impulsion de changement. Autrement dit, le succès viendra de leur désir de devenir membres participants de la famille galactique et d'élargir leurs perceptions jusqu'à inclure le fait que le but de l'expérience de la vie est plus grand que les expériences personnelles et planétaires prises individuellement. Lorsqu'on aura réalisé que c'est en s'exprimant au travers des lois universelles immuables plutôt qu'en les ignorant que l'harmonie s'installe, l'expérience pourra alors être façonnée en progrès et en expression joyeuse. Si on accepte ces lois comme étant la base sur laquelle repose toute manifestation, il devient alors possible de reconnaître le déséquilibre pour ce qu'il est et de le transcender.

Le progrès technologique n'est pas une vraie mesure de progrès dans l'expansion créative de la potentialité. Ceux qui se sont concentrés principalement sur ce but ont souvent détruit leur création en raison du mauvais emploi qu'ils en ont fait. Cela a parfois causé la distorsion du progrès des autres, une situation à laquelle les Terriens peuvent certainement s'identifier. C'est ainsi que ceux qui tentent encore de jouer à leurs jeux de contrôle et de destruction mettent la Terre et ses habitants en danger d'être détruits.

Le déséquilibre, qui vient de l'échec à reconnaître la potentialité des êtres conscients à poursuivre leur processus d'évolution inhérent, a amené les faiseurs et les receveurs de cette politique à un point où les décisions importantes que chacun prendra influenceront leur progrès. Chacun récoltera le fruit de ces décisions. Chacun possède le pouvoir virtuel de changer la trajectoire de son évolution par les gestes qu'il posera au cours des quelques prochains événements qui vont suivre et qui seront façonnés par les décisions prises individuellement et collectivement.

Il est important de saisir que l'individu influence la décision collective, directement et indirectement. Cela signifie que même si l'individu est lié par la décision de sa collectivité, selon une entente hétérogène, il peut tout de même s'en libérer en formant un plus petit groupe concentré sur un objectif différent ou en se joignant à un tel groupe. Ce plus petit groupe focalisé, lorsqu'il invoque la deuxième loi de l'univers – création ou intention délibérée – se sépare du plus grand groupe et modifie son expérience ou la trajectoire de son évolution. C'est pour cette raison que les messages ont encouragé la formation de plus petits groupes ayant comme objectif de créer un nouveau paradigme d'expérience. Ceux qui ont évolué au-delà du besoin de continuer de nourrir l'attitude de victime qui les tient à la merci des contrôleurs et qui enferment les deux groupes (victimes et abuseurs) dans la situation que l'on connaît actuellement, ont l'occasion de sauver cette planète et ses habitants. En tous cas, ils peuvent au moins créer l'occasion pour un groupe considérable de se dégager de cette situation. Toutefois, nous insistons sur le fait qu'un quorum doit être atteint pour que cela se produise.

Nous vous suggérons de réfléchir à la question et d'apporter une considération sérieuse à l'opportunité qui y est présentée.

Chapitre 12

Le drame qui se joue en ce moment sur Terre, d'importance majeure aux yeux des Terriens, est à juste titre un moment charnière crucial dans la poursuite de l'évolution de la conscience manifestée. Au sein de la totalité de l'expression galactique qui constitue la réalité connue, on se demande comment cette belle petite planète localisée aux confins de la galaxie peut avoir tant d'importance. Tout est centré sur le recouvrement du pouvoir/contrôle de la destinée personnelle et collective. De même que la conscience du chef d'un pays est l'expression de la conscience composite des gens de ce pays, que ce leader se soit saisi du pouvoir ou qu'il ait été choisi par un électorat, le scénario planétaire qui se joue actuellement est la représentation collective de la conscience des Terriens. Cela s'ajoute ensuite à un composite de consciences supplémentaires appartenant à un composite en expansion. Nous pouvons dire que la Terre est le point collecteur des énergies de victimes, un point dans un collectif plus vaste de cette malheureuse expérience qui se déroule dans cette région de la galaxie. La résolution de cette situation par les Terriens produira un dégagement de cette expérience dont l'effet ondulatoire expansif s'étalera jusqu'aux zones les plus reculées de la galaxie. Visualisé dans un contexte holographique, tout cela est absolument fabuleux !

Étant donné l'aspect de libre arbitre présent dans les lois universelles, il devient clair que le fardeau de réalisation que porte le genre humain en ce moment est d'une très grande importance. Il est évident que les geôliers entendent continuer de se considérer comme les propriétaires des êtres humains et d'en faire ce qui leur plaît ; ils y placent certainement beaucoup d'intérêt. De plus, ils ne manifestent apparemment aucune intention de modifier ce modèle d'esclavage continuel. Alors, comment peut-on répondre à l'appel à l'aide de l'humanité et l'assister pour qu'elle se libère de cette expérience ?

Il faut également tenir compte du fait que certains membres de la communauté humaine consentent à servir de pions aux colonisateurs autoproclamés dans leur effort soutenu de maintenir leur prétention à des droits de propriété sur la planète et ses habitants. Vu sous cet angle, on pourrait démontrer que le contrôle ne vient pas de l'extérieur mais qu'il vient de l'humanité qui s'asservit elle-même. Mais même si c'est démontrable, cela ne veut pas dire pour autant que c'est la vérité et que l'humanité choisit librement l'asservissement.

Les systèmes de croyance qui habitent les Terriens ont facilité la tâche des contrôleurs. De plus, ces derniers se sont servis des gouvernements, des religions, de l'éducation et des médias pour amener la plupart des citoyens à se fermer l'esprit et ils ont apparemment si bien réussi qu'ils considèrent la partie gagnée. Bien qu'ils soient assez sûrs de leur réussite, ils continuent tout de même à réviser soigneusement tous les aspects de leur plan d'action.

Cependant, il y a des factions qui se développent parmi les pions qui se font concurrence pour l'obtention de la faveur des contrôleurs. Ces intrigues présentent bien des occasions de saboter les plans soigneusement imaginés en vue de refermer sur l'humanité le prétendu « piège » qui doit l'emprisonner. Les pions font leur rapport en bout de ligne à un foyer de conscience unique. Connu dans la littérature sous le nom d'« antéchrist », on s'attend à ce qu'il naisse dans un corps humain comme le vôtre. Malheureusement, ce n'est pas vrai. L'« antéchrist » figure dans l'histoire de cette planète et il se maintient au pouvoir depuis des milliers et des milliers d'années. Il existe dans une forme de vie qui peut durer très longtemps et porte à penser qu'il est immortel. Bien qu'il ait été présenté dans la littérature sous différents visages démoniaques, il habite une forme humaine qui jouit d'une longue durée de vie. Son intelligence est si grande que l'esprit humain moyen ne peut en saisir la portée et elle n'a d'égale que sa soif de pouvoir. Heureusement, le « mot de la fin » au regard de l'avenir de la Terre ne lui appartient pas. Il appartient à un conseil dont l'influence dépasse la sienne. C'est à ce conseil qu'un appel doit être adressé, c'est lui qui détient l'autorité supérieure, bien que l'antéchrist ait une grande influence et qu'il s'en soit servi pour rester en contrôle pendant longtemps, grâce à son éloquence.

Alors, comment pouvez-vous lancer cet appel capital ? Un individu ou même une poignée d'individus ne peuvent pas le faire. C'est un émissaire puissant et éloquent, élu ou désigné par un quorum d'êtres humains, qui portera la demande. Comment une humanité divisée, soumise et brutalisée, peut-elle en arriver à un tel accord ? Où trouvera-t-elle cet émissaire idyllique ? Voilà d'importantes questions ! De plus, comment cet émissaire contactera-t-il ce conseil jusqu'à maintenant inconnu et comment fera-t-il pour s'y rendre ? De toute évidence, il vous faudra de l'aide pour y arriver. L'aide sera là quand le quorum aura été atteint et que l'élection/la nomination aura pris place. Il vous faut d'abord réussir l'impossible ; l'assistance suivra. C'est quelque chose que l'humanité doit accomplir par la foi. Il y a certainement des théories plus illogiques que celle-ci auxquelles de larges groupes d'êtres humains croient fermement. Ces concepts présentement acceptés n'offrent pas de vous libérer d'un joug ni de récupérer votre droit inné à poursuivre votre évolution.

Comme nous l'avons mentionné précédemment, plusieurs cycles tirent à leur fin. Le timing est excellent. Ces forces vont coïncider et se rencontrer en un moment charnière, dans l'ordre et selon le processus d'expression expansive. Les factions en présence y focalisent toutes les intentions possibles. Au milieu de ces foyers se trouvent les êtres humains, abasourdis et incrédules, sur qui reposent non seulement leur propre avenir, mais le pouvoir d'influencer la galaxie entière avec leur processus de décision. Que ferez-vous ? Que feront-ils ?

Chapitre 13

Si l'humanité paraît faire face à des tâches qui sont de proportions monumentales pour un groupe divisé et belliqueux qui, d'une certaine perspective, est plus animal que divin, il y a tout de même une lumière au bout du tunnel. Il est devenu impossible de continuer sur la même voie ; le sentier doit se diviser. Certains savent de façon innée que le moment est venu de prendre une décision. Ils doivent soit continuer sur la trajectoire en déclin vibratoire qui les mène à la destruction, soit s'arrêter là où ils sont et chercher une façon de changer de direction. C'est là que se situe le processus d'éveil. L'alternative offerte par les messagers du « nouvel âge » ou

« âge ésotérique » est vide de sens pratique dans l'application de ses principes au quotidien. Elle exige de s'abstenir d'investiguer et de comprendre le plan des contrôleurs planétaires par « peur » de les supporter en reconnaissant leur présence et leurs actions. Cette approche de l'autruche qui s'enfouit la tête dans le sable n'est pas attirante pour le public en général car elle manque d'applications pratiques. De plus, la plupart des gens sont incapables de diviser leur concentration qui consiste à ignorer le monde autour d'eux pour le remplacer par un autre qu'ils ne peuvent pas percevoir de leurs cinq sens. Ceci est particulièrement vrai si la source d'information prend l'apparence d'êtres dont les enseignements recommandent la déconnexion du monde réel apparent. Leurs enseignements sont souvent si idéalistes qu'ils laissent leurs lecteurs/ dévots avec des sentiments de culpabilité et de frustration parce que ces derniers se sentent incapables d'atteindre de tels niveaux dans leur vie courante et ils finissent donc par abandonner ces idéaux.

Nous espérons que l'information offerte dans ces messages vous guidera vers des concepts contenant des défis pratiques qui soulèveront votre désir de poursuivre votre évolution. Vous devez comprendre que cela doit se faire pratiquement à partir de l'expérience que vos cinq sens vous présentent comme étant la réalité du moment. La difficulté repose sur l'acceptation du fait que les Terriens ne sont pas seuls dans une galaxie inconcevablement étendue. Cette planète a reçu des milliers de visiteurs et un très grand nombre d'individus en ont été témoins depuis littéralement des milliers d'années. Il est absolument étonnant que cette réalité ait été littéralement effacée de la conscience collective actuelle. Les contrôleurs ont de longue date utilisé des méthodes agressives pour bloquer toute interaction directe que des êtres amicaux et bienveillants auraient pu avoir avec les humains en général. Cela s'est intensifié lorsqu'ils ont placé de l'armement puissant dans les mains des pions humains. Encore une fois, comprenez bien que cette initiative avait pour but de « pousser l'humanité à s'asservir elle-même ».

Au fur et à mesure que ces messages circulent, les lecteurs en distillent le contenu. L'information est d'abord mise de côté, puis relue. Il y en a peu qui les lisent l'un à la suite de l'autre ou qui ont réussi à assimiler complètement l'information. Cependant, une participation plus nonchalante au processus ne signifie pas qu'elle soit moins efficace. C'est son accomplissement qui compte dans le modèle global. Beaucoup de gens ne liront jamais tous les messages. Plusieurs participeront de manière sporadique, sur une longue période de temps. C'est le composite des compréhensions qui amènera les changements requis dans l'esprit de toute la race humaine incarnée sur Terre.

Cela fait déjà longtemps que vos frères, soeurs et cousins galactiques se sont attelés à la tâche de toucher les cerveaux, les coeurs et les esprits de ces êtres humains qui ont réussi à évoluer en dépit des programmes de contrôle en fonction depuis si longtemps. Ils ont fait bien des efforts pour créer des occasions de vous aider toutes les fois qu'ils le pouvaient et comme ils le pouvaient, tout en observant diligemment les lois universelles. Cela soulève la question suivante : si tant d'autres négligent effrontément ces lois, pourquoi ces êtres les observent-ils si soigneusement ? Souvenez-vous toujours que la Loi d'attraction fonctionne de manière inimitable. Ces êtres le savent et ils n'ont aucun désir de voir s'éroder de quelque manière que ce soit leur progrès bien mérité sous prétexte qu'ils auraient oublié cette loi.

Peut-être avez-vous l'impression que ceux qui ignorent ou transgressent les lois universelles qui sous-tendent l'expression de potentialité dans l'expérience manifestée gagnent en faisant cela ? En bout de ligne, ils devront payer leurs comptes. En ce qui a trait aux humains qui donneront suite jusqu'au bout à leur désir de se transformer eux-mêmes et de participer à la transformation de cette planète, il leur sera beaucoup pardonné via le cadeau de la « grâce ». C'est une occasion dont les sages tireront parti. Il est certainement plus ardu d'évoluer dans des circonstances tellement difficiles ; cette difficulté est prise en considération et une valeur est rajoutée à l'accomplissement.

Ces messages visent à encourager et à offrir une présentation soigneuse et compréhensible, aussi vraie que possible, pour que les intellects qui ont été trompés et nourris de perceptions erronées soient en mesure de l'accepter. Nous admettons carrément que certaines informations sont moins que la vérité intégrale. Les messages ont été conçus de manière à faire progresser les lecteurs d'un concept à l'autre pour enfin les mener vers l'acceptation de concepts supplémentaires qui ouvrent sur de nouvelles perspectives. Si vous relisez le matériel, vous découvrirez des contradictions. Nous espérons que vous serez capables de comprendre le processus et de distinguer l'objectif visé ainsi que la méthodologie employée. La rééducation d'une population entière n'est pas une tâche facile lorsque les compréhensions de base se contredisent et que cet état de chose est causé délibérément, dans un constant effort organisé pour causer les conflits et la division entre de grands segments de la population dont les différences culturelles sont déjà très marquées.

Lorsque l'on conceptualise le problème, l'impossibilité de le solutionner devient plus évidente et les contrôleurs comptent justement là-dessus. Faisons tous les efforts possibles pour les surprendre.

Chapitre 14

À mesure que la situation mondiale évolue vers une confusion et un chaos de plus en plus grands, il devient impossible pour l'individu de percevoir ce qui se déroule dans l'ensemble. Chacun ne peut percevoir que cette portion de la totalité que son observation personnelle et le peu d'information médiatique honnête disponible lui laissent entrevoir. Cela se complique davantage par le fait que les opinions, les expériences et les sensations que chacun utilise pour tirer ses propres conclusions sont filtrées. Peu importe combien l'information connue est analysée et vérifiée avec soin, les individus ou les groupes connaissent rarement la vérité sur une situation. Les vies individuelles sont de plus en plus documentées dans leurs moindres détails à mesure que ceux qui veulent le contrôle total augmentent leur surveillance au moyen de l'analyse informatisée des données provenant des satellites, de l'examen minutieux des communications échangées, des photographies prises dans les magasins, les banques et aux intersections des rues.

Dans quel but font-ils cela si les « armes chimiques » qu'ils possèdent en quantité permettent d'annihiler l'humanité toute entière ou des portions de l'humanité à n'importe quel moment ? Si le corps humain est volontairement débilité via les aliments produits à partir de semences génétiquement modifiées, les additifs abrasifs et destructeurs, les maladies induites par vaccins, les pratiques médicales destructrices et tout, où cela mène-t-il ? Il semblerait que l'humanité ne soit en aucun point différente des animaux utilisés comme cobayes pour des expériences démoniaques qui sont sensées servir le soit disant « bien de l'humanité ». Qu'en est-il de ces tests dont les humains font l'objet ? Ils sont faits au bénéfice de qui ? Dans l'ensemble, est-ce que les êtres humains bénéficient de l'utilisation des animaux dans les laboratoires ? Si nous continuons sur cette ligne de pensée, est-ce que quelque chose de bon peut provenir des tests qui sont faits sur les corps humains ? Nous en revenons encore à la conclusion que cette planète et sa population humaine ne sont qu'un jeu de réalité virtuelle pour ceux qui se considèrent supérieurs et propriétaires des lieux et des habitants. Nous concluons également qu'une personne ou un groupe quelconque utilisent leur très grande intelligence à mauvais escient pour perpétrer une injustice de grande magnitude. Les jeux de rapport victime/abuseur se jouent ici sur une très grande échelle.

Il est certainement temps qu'une force d'amour intervienne de l'extérieur. Malheureusement, cela n'est pas possible d'après les lois universelles qui soutiennent tout ce qui s'est manifesté dans la Création à partir de la potentialité afin que cette dernière se connaisse. Ces lois immuables, qui gouvernent tout sans jamais dévier, maintiennent la continuité. S'il y avait déviation, tout se terminerait dans le chaos. Alors, comment se fait-il que le chaos soit permis ?

Ici, nous devons revenir à un concept que l'on trouve dans le processus de création. Vous en faites tous l'expérience quand vous respirez. Votre expression physique en dépend. Sans le souffle, votre corps ne peut retenir la vie que pour un court moment. Dans l'expression de la potentialité qui se manifeste en vue d'éprouver la pensée en sagesse, il devient nécessaire d'investiguer ce processus à l'intérieur de la conscience à des degrés divers de connaissance et de sagesse. C'est l'inspiration. Lorsqu'une expérience est complétée ou qu'elle atteint un degré de déséquilibre, il faut alors la dissoudre. C'est l'expiration. L'énergie est ainsi libérée et elle est à nouveau disponible pour être réutilisée ou recyclée. On appelle chaos ce processus de recyclage qui consiste à dissoudre l'énergie pour la réutiliser. Il se déroule dans une réalité plus vaste que l'on pourrait comparer à la respiration. Ce qui est manifesté se défait littéralement dans la confusion et retourne à une forme d'énergie prête pour la réutilisation. Chaque événement fortuit de la Création amène son

type de chaos ; en d'autres termes, chaque chaos est unique. Le
degré de chaos nécessaire pour produire une énergie réutilisable est
également spécifique à chaque circonstance.

De quelle quantité de chaos l'humanité a-t-elle besoin pour
recréer son occasion d'évoluer au sein d'une situation positive ? C'est
elle-même qui le déterminera. Il est évident que la situation actuelle
ne peut progresser d'aucune façon sans un retour au chaos. Ceux qui
ont évolué et ceux qui ont choisi de s'incarner sur cette planète dans
le but de changer le paradigme d'expérience planétaire détiennent
la clef. Ils sont consciemment déterminés à jouer un rôle majeur
dans le drame qui se déroule en ce moment. Ce sont eux qui vont
déterminer qui écrira les dernières scènes de la production théâtrale
en cours. Il leur faut apporter une solution maintenant. La situation
ne peut attendre qu'une prochaine génération s'attelle à la tâche que
la précédente lui aura léguée en faisant fi de sa responsabilité et en
laissant à quelqu'un d'autre le soin de corriger le problème.

Nous vous signalons à nouveau que la quantité d'aide venant
de la communauté galactique dépend d'un quotient nécessaire d'êtres
humains qui doivent dépasser l'attitude de victime et accepter leurs
responsabilités et c'est là leur seule récompense.

Chapitre 15

Au fur et à mesure que la situation progresse, les changements
dont les individus et les groupes culturels font l'expérience se
feront plus apparents et plus intenses. Jusqu'à maintenant, ce sont
des groupes particuliers qui ont été affectés par les changements.
Toutefois, les conflits guerriers devenant plus répandus, les
expériences individuelles de chaos s'étendront également. Vous en
viendrez à voir plus de régions ravagées par la guerre et l'après-
guerre que de régions jouissant d'une paix apparente. En d'autres
termes, cette expérience se répandra comme une maladie cutanée
sur toute la surface de la planète. L'utilisation du mot guerre inclut
l'usage d'agents biologiques aussi bien que les armes destructrices
conventionnelles. Il est difficile de comprendre à quoi peut bien servir
toute cette douleur, cette misère et la destruction d'une belle planète.
C'est en entrant dans le mode d'observation du vaste ensemble que la
vraie folie sous-jacente à ce plan des contrôleurs devient évidente.

En contemplant l'aspect du libre arbitre au sein des lois de l'univers, nous serions portés à croire que cet élément pourrait retourner tout ce qui existe à la potentialité. C'est en effet possible ! Cet élément pourrait causer la fin d'une expérience née de la potentialité et qui n'était qu'une autre idée qui n'a pas marché. Cela vaut la peine d'y réfléchir. Toutefois, il est également possible qu'il y ait un contrepoids à ce type d'action du libre arbitre qui, lorsqu'il atteint un certain niveau de déséquilibre, force une action de compensation à entrer en scène en tant qu'effet naturel. Si nous portons notre observation vers le jeu en réalité virtuelle, nous constatons qu'il y a constamment des éléments de surprise qui apparaissent ; ils ne proviennent pas des joueurs mais de ceux qui ont formulé le jeu. On peut assumer sans risque que les joueurs n'ont pas écrit les règles du jeu. Il est évident qu'ils tentent d'en écrire des nouvelles, mais ces dernières ne remplacent pas les règles de départ qui sont venues avec le jeu lorsqu'il fut créé.

Quels sont ces éléments de surprise qui ne peuvent pas être outrepassés par de nouvelles règles ? Ils ne peuvent être découverts qu'en jouant le jeu. C'est là le point de tous ces messages. Tous les joueurs doivent jouer le jeu et chercher les stratégies qui leur permettront de réussir et de demeurer au jeu. Les expériences de vie manifestée ne sont jamais ennuyeuses pour ceux qui cherchent le défi en ne se permettant pas de se contenter de ce qui leur est donné, mais en s'efforçant de créer ce qu'ils désirent. Cependant, il faut observer les lois universelles afin que le progrès tiré du jeu se poursuive à long terme. Cela ne veut pas dire qu'il n'y aura pas de contretemps temporaires dus aux erreurs de choix ou que ces choix ne seront pas répétés jusqu'à ce que ces répétitions mènent à la sagesse.

Nous constatons donc que les Terriens ont placé leur progrès au jeu de l'évolution entre les mains de contrôleurs en qui ils ont confiance ; ce sont leurs « dieux ». Ils perçoivent les dieux comme étant toujours bienveillants et ayant leurs meilleurs intérêts à cœur ou comme étant terribles et cruels, au courroux impossible à apaiser, quel que soit le cadeau ou sacrifice offert. Il est temps que les humains se rendent compte que pour se sauver eux-mêmes et pour sauver leur planète de résidence, ils doivent endosser le manteau de la responsabilité personnelle et se tenir debout au centre de leur propre pouvoir. Pour y arriver, la peur doit être mise de côté car elle ne peut pas être conquise. Certains mots rattachent les Terriens à ce qui les a tenus en esclavage. Le verbiage même de la langue contient une intimidation programmée. Des termes de guerre tels que conquérir, vaincre, menacer, supérieur, forcer, intimider, capituler et ainsi de suite, maintiennent l'accent sur la compétition plutôt que sur la coopération. Les Terriens transcenderont et passeront au travers de cette situation seulement lorsque coopération deviendra le mot de passe pour toute interaction. Plusieurs expériences à caractère compétitif peuvent être vécues dans l'esprit de la coopération, comme les événements sportifs par exemple, car ils encouragent des compétences et talents qui sont utilisables dans différents domaines en même temps qu'ils vous apprennent à apprécier les capacités du corps humain.

Ce qui importe, c'est de réfléchir à la façon dont les êtres humains peuvent se tenir debout dans leur propre pouvoir. C'est particulièrement vrai si l'on considère l'organisation intense et le pouvoir écrasant qu'utilisent les contrôleurs et leurs pions. Toutefois, la clé se trouve à la base même de toute cette situation. L'humanité a accepté d'être placée dans une position qui ne lui permet pas d'égaler les forces opposantes et leur expression de pouvoir. Elle doit maintenant trouver une approche totalement différente. La capacité qu'un être humain possède et qui ne peut lui être retirée, quoique le développement d'une méthodologie soit actuellement en cours pour tenter d'y arriver, c'est le processus de la pensée. Même ceux qui ont été l'objet de techniques de contrôle du mental impliquant des expériences incroyables, sont souvent capables de regagner leur autonomie de pensée.

C'est en se concentrant ensemble, dans un esprit de coopération, sur un concept simple, que les Terriens pourront dépasser et dépasseront la situation qui les entoure actuellement et qui menace de les écraser. Le pouvoir de le faire réside dans le choix conscient de reconnaître la situation, de laisser derrière le comportement de victime et de se concentrer avec un esprit coopératif sur un idéal d'expérience. Lorsqu'il y aura consensus sur ce point, un appel direct pourra être lancé et l'assistance suivra, ce qui permettra de mettre fin au contrôle actuel de la planète. Cependant, l'attitude de victime versus oppresseur doit être transcendée ou le processus se répétera jusqu'à ce que cette connaissance soit éprouvée en sagesse.

Il ne sera pas facile d'abandonner l'attitude de victime car elle est profondément ancrée chez la population. C'est un élément important à placer au premier rang de vos futures réflexions.

Chapitre 16

L'idée que les Terriens sont les serviteurs de leur « dieu » du moment a été profondément gravée en eux. Le genre humain a reçu le cadeau de la conscience de soi depuis longtemps déjà. Mais ceux qui ont été déportés sur cette planète ont été les serviteurs des contrôleurs durant tout ce temps et ils ont été soumis aux caprices des interactions que les contrôleurs ont entre eux. De plus, comme beaucoup de Terriens sont nés à partir de manipulations génétiques effectuées par les contrôleurs, les attitudes guerrières et compétitives font partie de leur héritage. En vérité et en réalité, ces tendances profondes de compétition et l'usage de la violence pour résoudre l'inévitable friction qui résulte d'une mentalité pareille n'ont servi ni les contrôleurs ni les asservis. Les deux groupes sont restés pris depuis des temps immémoriaux dans le mode d'interaction victime/ oppresseur, ce qui les a empêchés d'évoluer.

Refuser de vivre en harmonie dans le cadre des lois universelles, lesquelles invitent à vivre également en harmonie avec l'environnement naturel de chaque planète de résidence, mène au gaspillage des ressources de la planète et à l'épuisement éventuel de sa capacité à maintenir la vie. Ce genre d'expérience se termine naturellement par la recherche d'une autre source qu'on pillera également. Voilà ce que représente la Terre aux yeux de ceux qui ont mis ce paramètre à la base de leur modèle d'expérience : une source de richesses exploitables. Il est donc naturel que ce même paramètre soit une attitude qu'ils encouragent parmi les habitants de ce qu'ils considèrent comme leur colonie.

À mesure que ces messages continuent à illuminer d'une meilleure compréhension le développement du genre humain dans le cadre d'une situation contrôlée et manipulée, nous espérons que nos lecteurs en viendront à comprendre leur situation et à identifier leurs attitudes programmées. Pour arriver à modifier des croyances et des expériences profondément ancrées, il est nécessaire de percevoir clairement la situation actuelle. C'est seulement à partir de là qu'une véritable décision peut être prise, à savoir si c'est bien le sentier qu'on désire poursuivre ou s'il est temps de se ternir debout dans sa décision personnelle et de changer le cours de l'histoire humaine en écrivant chacun sa propre histoire et donc, l'histoire de l'humanité. Depuis des milliers et des milliers d'années, chaque génération a accepté les paramètres d'expérience qui lui ont été imposés et elle a attendu qu'on la libère de l'esclavage.

Quelqu'un a dit : « Lorsque les gens mèneront, les leaders suivront.» Cela s'est avéré faux puisqu'à chaque fois qu'un groupe isolé a tenté de se rebeller, il a été dévasté par un armement qui lui a inculqué une peur plus grande encore. Cela s'explique par le fait qu'ils ont tenté de recouvrer leur liberté en utilisant les mêmes techniques de guerre et de compétition qui leur avaient été enseignées par l'exemple. Leur but était de créer une version améliorée de la vie qu'ils menaient, avec encore un autre « leader » à leur tête qui les guiderait dans leur expérience sociale utopique. En fait, cela se serait avéré être non seulement une simple version améliorée de l'expérience victime/oppresseur habituelle, mais elle aurait été temporaire. Car, même si un chef bienveillant avait été choisi, l'histoire nous démontre que l'influence du pouvoir dans les générations familiales suivantes aurait inévitablement mené au despotisme, vu la compétition entre les descendants.

En conséquence, les Terriens espéraient s'assurer d'un meilleur leadership si cette fonction était assurée par des citoyens démocratiquement élus pour de courts mandats. Ils pensaient également que l'héritage du pouvoir et la compétition entre héritiers seraient éliminés. L'expérience a démontré que cette méthode de choisir des chefs n'était pas une meilleure solution. Les gens ont toujours abdiqué leur pouvoir individuel en désirant que le leadership/gouvernement endosse le rôle de gardien ou de parent. Le désir réel sous-jacent était celui d'une plus vaste expérience de la famille. Par contre, on souhaitait qu'un être sensationnel bienveillant, un chef bienveillant et un parent bienveillant, du genre masculin et détenant le pouvoir, parraine cette expérience. Ce qui a été perdu, c'est l'autonomie que l'on retrouve lorsque les caractéristiques masculines et féminines, uniques en leur genre, s'équilibrent.

Les Terriens croient très peu – lorsqu'ils y croient – à la distribution exceptionnelle de caractéristiques et de talents parmi les individus, ce qui produirait un composite capable de donner naissance à l'expérience utopique désirée, si toutefois ces individus se permettaient individuellement de révéler leur potentiel. L'esprit de coopération se trouverait à la base de cette expérience. Mais survient immédiatement la question suivante : comment ce mouvement peut-il même démarrer dans la situation présente de séparation, de haine, de méfiance, etc. etc. ? Ici, nous retrouvons la sagesse de la débandade et du chaos qui sont inévitables quand les circonstances sont telles que la situation en cours ne peut plus se maintenir. Une pomme pourrie jusqu'au coeur doit se désagréger. La comparaison parle d'elle-même. Des groupes de coopération se formeront au milieu du chaos pour assurer la survie des membres. S'il y a, parmi ces groupes, des individus informés, possédant compréhension et prévoyance, ces derniers pourront entamer une nouvelle expérience qui convienne aux membres et à l'objectif du groupe. Ils ne doivent pas mener mais seulement conseiller et encourager la nouvelle expérience. S'il existe un nombre suffisant de ces groupes, tous concentrés sur ce nouveau concept d'existence humaine, tous comprenant l'histoire et le besoin de laisser le passé derrière, on peut alors espérer avec raison qu'un nouveau paradigme d'expérience puisse s'ancrer sur cette planète.

Aussi difficile à accepter que cela vous semble, ce ne sont pas tous les individus qui seront capables de participer et de donner naissance à ce concept. Tous ceux qui s'incarnent sur cette planète comprennent cela avant leur arrivée. Pour chacun d'eux, l'occasion de faire l'expérience de la réalité manifestée en vaut la peine ; malgré la compréhension limitée actuellement maintenue par la conscience collective, ils acquièrent tout de même une grande sagesse en vivant l'expérience. Bien que l'humanité rêve d'atteindre l'immortalité dans le corps physique, cela comporte également des responsabilités qui font contrepoids aux avantages perçus. La conscience de soi est immortelle. Lui ajouter un corps qui serait également immortel inclut des dimensions qui se situent au-delà de la capacité de comprendre d'un mental/cerveau qui n'est pas complètement activé. Il faut commencer par le commencement.

Chapitre 17

Du point de vue de l'humanité, le tableau devient plus

confondant à mesure que la situation se développe ; cependant, si nous l'observons sous un angle plus ouvert, il nous apparaît plutôt comme étant un mouvement ou une transformation. C'est par le biais d'événements apparemment menaçants que ce changement se met en branle ; il reflète en réalité qu'un mouvement longuement attendu commence à faire des vagues. Cela ne veut pas dire que ces situations menaçantes devraient être accueillies avec anticipation mais il est important de se maintenir en mode observateur pendant que l'expérience de ces événements suit son cours. Nous n'attendons d'aucun d'entre vous qu'il soit autrement qu'humain dans ses réactions face aux événements mais nous vous suggérons de distinguer la vérité dans ce que la vue d'ensemble vous propose. C'est en traversant ces situations plutôt qu'en leur résistant ou en les ignorant que l'expérience se fond en sagesse. Si l'expérience est déniée, l'occasion est ainsi perdue d'acquérir la sagesse.

Bien des éléments contribuent à la confusion et à la frustration de ceux qui sont actuellement incarnés, comme le récit de l'histoire de la transformation des Terriens en êtres conscients d'eux-mêmes, l'addition d'autres familles d'êtres humains à ce mélange et l'interférence constante des contrôleurs et les freins qu'ils ont appliqués pour contrer l'évolution. Il y a peu d'espoir que vous arriviez à vous transformer si vous ne connaissez pas votre identité et votre nature. C'est pour cette raison que toute information pertinente a été délibérément détruite, cachée ou mal interprétée. L'information historique actuellement disponible prend diverses tournures en raison des différentes interprétations apportées aux documents et aux objets anciens. Cela fut en partie intentionnel ; en d'autres occasions, le parti pris et l'ignorance étaient en cause. Il est donc important que chacun tire son information de plus d'une source afin de bien discerner les aspects de vérité que chacune présente. Encore une fois, les conclusions peuvent varier mais chaque lecteur y puisera suffisamment de vérité pour en arriver à une bien meilleure compréhension de la situation globale.

Ce qui vous semblait incroyable au début de nos messages commence maintenant à avoir du sens et cela vous permet d'accepter une réalité que les contrôleurs vous ont cachée à dessein pour rester propriétaires de cette planète. Avec des habitants légitimes qui possèdent un niveau de conscience de soi leur permettant de se gouverner eux-mêmes, la colonisation visant le pillage des ressources d'une planète est immorale. Le fait que ce soit les colonisateurs eux-mêmes qui aient sciemment octroyé la capacité de s'autogouverner aux indigènes déjà sur Terre à leur arrivée rend la situation encore plus inacceptable au plan de la morale et de l'éthique. Pour compliquer l'affaire davantage, c'est aux habitants qu'il revient maintenant de prouver qu'ils ont la capacité de se gouverner et de gérer leur planète en modifiant la situation par le biais d'une décision émanant de leur volonté propre. Ils doivent découvrir comment accomplir cela dans le cadre des lois universelles et dans ce cas-ci, en dépit du fait qu'ils ne les connaissent vraiment pas beaucoup. La plupart des gens savent que le système naturel qui les entoure est ordonné et qu'il doit en être ainsi pour se maintenir et progresser ; toutefois, ce qui supporte cet ordre leur est inconnu. Des recherches pour expliquer l'ordre se perdent en théories des origines qui ont peu ou pas d'importance pour comprendre comment cet ordre opère.

La simplicité des lois universelles échappe à la compréhension des scientifiques qui se délectent de complications. Si simples qu'elles soient, leurs applications diverses et les effets de leurs interactions causent de la confusion quand la recherche part des effets pour remonter à la cause. C'est tellement plus efficace de partir de la cause ou des lois dans leur forme la plus simple et ensuite, de suivre leurs effets jusque dans l'expérience. Les mathématiques supportent complètement l'énoncé des lois. Il importe de commencer par le commencement. La théorie du Big Bang ne permet pas qu'une compréhension dérive d'un processus holographique car encore là, cette théorie est une recherche qui part de la manifestation pour remonter à la cause. La diversité disponible à l'intérieur des paramètres holographiques est tellement grande que de chercher la cause dans cette infinie variété disponible équivaut à chercher une aiguille dans une meule de foin.

Nous présentons l'information par couches successives ou niveaux ; cela génère une compréhension holographique qui permet aux lecteurs qui étudient ce matériel de se faire une meilleure idée de la situation d'ensemble. Cela ajoute également à leur capacité de percevoir, de mieux discerner qui ils sont et ce qu'ils sont et d'en apprendre davantage sur les contrôleurs. Il y a bien d'autres faits incroyables dont vous pouvez prendre connaissance. Mais combien est-il essentiel de connaître pour prendre les décisions nécessaires pour libérer cette planète du bourbier dans lequel elle est enfoncée ? Vient un point où l'information supplémentaire devient plus nuisible qu'utile et la recherche de ce point nous amène à produire ces messages. Nous espérons que l'engagement et l'application des suggestions offertes signaleront la fin du besoin de plus d'information. À la base de toute action qui se veut une réponse aux informations fournies, on retrouve deux éléments : la conscience en transition et sa décision de répondre à l'appel à la responsabilité, appel qui a été ignoré et refusé depuis bien longtemps par le groupe hétérogène qui réside sur cette planète.

Chapitre 18

La connaissance qui avait été mise à la disposition du genre humain, puis cachée par certains et dans bien des cas enterrée pour des milliers d'années, refait rapidement surface. De plus en plus de gens y ont accès, étant donné la capacité actuelle à déchiffrer les langues anciennes et le consentement de certains éditeurs à la présenter dans des livres, des vidéos et des conférences. Les distorsions dans les traductions créent pour les lecteurs des occasions d'apprendre le discernement ; mais même une information déformée ouvre les esprits à comprendre que l'histoire des civilisations terriennes est beaucoup plus longue que ce qu'on vous en avait dit. L'évidence présentée par les scientifiques que la Terre est habitée depuis très très longtemps contraste avec les sources religieuses qui maintiennent que l'homme habite cette planète depuis quelques milliers d'années seulement ; toutefois, cette controverse est suffisamment importante pour pousser toute personne qui réfléchit à se questionner sur la vraie réalité.

Pour celui qui étudie l'information disponible à partir de la perspective la plus vaste possible, l'évidence de la présence des contrôleurs sur cette planète et leur influence dans l'histoire du genre humain crève les yeux. Il est également clair comme de l'eau de roche que leur présence a été délibérément ignorée et cachée à la population. De plus, des témoins ont rapporté avoir vu des vaisseaux capables de voyage interplanétaire ; de semblables événements se sont non seulement produits dans nos temps modernes mais les chercheurs qui ont choisi d'enquêter sur le sujet en ont retrouvé la mention dans l'histoire ancienne. Il y a également des événements mémorables vécus par certains individus et des articles de journaux qui viennent s'ajouter à la preuve concluante. De plus, il y a trop de récits venus du passé pour les considérer comme des canulars à une époque où il y avait si peu de moyens de communication qu'on ne peut accepter l'hypothèse d'une forme de suggestion qui aurait créé des vagues dans l'imaginaire des citoyens.

La personne ordinaire qui fait l'expérience de l'information programmée dont les divers médias la gavent, qu'elle le veuille ou non, se retrouve mêlée et confondue puisqu'on promulgue l'idée d'une présence extraterrestre en même temps qu'on la nie. Ainsi, les forces sombres atteignent un de leurs objectifs, celui de créer de la confusion. L'esprit, d'une part, se questionne sur les extraterrestres, et d'autre part, il les dénie ; de plus, il est supporté dans sa dénégation car l'affirmation d'une telle présence extérieure menace tout ce qu'on a enseigné depuis des millénaires. Cette présence qui a totalement affecté la vie des Terriens avant même que la conscience de soi ne leur soit offerte, a toujours été la cause de grands traumas et de l'annihilation de vastes segments de la population. La tromperie et la violence venant non seulement des contrôleurs mais des humains eux-mêmes, génétiquement modifiés dans ce but et affectés de tendances héritées de leurs génétiste , ont contribué à ralentir l'évolution.

À dire vrai, sans une influence extérieure, tel que l'achèvement du cycle cosmique ou l'information véhiculée dans ces messages, le désir d'abandonner les vieux modèles d'expérience et de progresser en créant l'occasion d'un nouveau paradigme d'expérience n'aurait pas fait surface avant bien longtemps. L'intérêt et le support que vos concitoyens cosmiques/galactiques vous offrent en réponse à vos prières et vos supplications vous arrivent depuis plus longtemps que la plupart des gens ne le réalisent. Mais, comme nous vous l'avons expliqué plusieurs fois au cours de ces messages, nous ne pouvons vous apporter qu'une aide limitée pour rester en accord avec les lois, car ceux qui ont progressé au-delà du niveau de conscience des Terriens ne peuvent pas fournir une assistance directe sans s'enchevêtrer avec vous dans l'expérience du sauveur versus victime/ oppresseur. Seuls les volontaires disposés à prendre de tels risques par égard pour l'humanité ont pris cette décision.

Face à la confusion causée par l'information erronée sur une présence extérieure et son influence sur cette planète, nous trouvons là l'occasion de planter les graines de la vérité et de les regarder germer et croître dans l'acceptation de la vérité longuement niée de votre histoire réelle. L'information est maintenant disponible pour être glanée ; elle ouvrira les yeux d'un nombre suffisant de citoyens pour que la vérité, cachée jusqu'à ce jour, se répande. Une fois qu'elle aura été perçue et assimilée, elle pourra s'étendre rapidement et alors, finie l'imposture ! Les morceaux du puzzle sont là ; cependant, peu de gens les ont rassemblés en un tableau discernable. Il semble que chacun soit capable de se concentrer sur sa part du puzzle, mais qu'il soit incapable de regarder plus loin et de rassembler assez de morceaux pour créer un ensemble qui ait du sens. Lorsque ceux qui voient l'image au complet essaient de partager leurs vues, ils se heurtent au manque de connaissance de la véritable histoire qui pourrait servir de toile de fond ou de système de référence pour donner de la crédibilité et de la signification aux explications fournies. De plus, peu de gens ont la compétence ou le désir de s'informer au-delà de l'information fournie par les médias et de faire la recherche nécessaire. L'information qui vous est présentée ici est-elle crédible et inspirera-t-elle ceux qui la questionnent à aller au-delà de ce qu'elle propose pour découvrir la vérité ? Une information documentée valide, portant des conclusions logiques, est disponible !

Nous l'avons répété jusqu'à vous en donner la nausée : la balle est dans le camp des Terriens. L'espèce humaine doit être instrumentale dans la décision et la détermination des événements qui briseront ses chaînes à jamais. Un nombre suffisant d'individus ont atteint le niveau d'évolution nécessaire pour rendre un tel changement possible. Les processus de cycles cosmiques aptes à supporter et à infuser de leurs énergies une possible réussite sont présents. Un flot d'information visant à soutenir le processus circule maintenant via vos systèmes de communications pour éveiller et motiver tous ceux qui ont l'occasion de le recevoir. Combien sont-ils et qui sont-ils ? Cela dépend de la divulgation soutenue de l'information par ceux qui la reçoivent. Ces messages sont-ils uniques en leur genre ? Certainement pas. Mais un des vôtres a pu recevoir ces communications de notre part et vous les retransmettre. C'est votre source particulière et c'est une décision personnelle que de l'accepter comme étant la vérité et de lui trouver une valeur. Il revient à chaque individu de déterminer s'il veut ou non jouer un rôle actif et s'il veut faire partie du groupe de divulgation. L'avenir de la planète et de ses habitants dépend de ces décisions individuelles.

Chapitre 19

À mesure que les morceaux du puzzle tombent en place, les dynamiques d'interaction entre les unités présentes sur la Terre deviennent de plus en plus intéressantes, dirions-nous. En tant que participants, c'est en temps linéaire que vous observez ce qui se passe présentement ; il vous est donc difficile de percevoir la progression réelle du processus holistique. Cela se complique davantage du fait que les vrais événements ne vous sont révélés qu'en partie et de manière déformée en plus. Par conséquent, l'humanité chemine à tâtons à travers l'expérience. C'est seulement en décidant d'abord de créer une expérience nouvelle et subséquemment, en gardant l'attention concentrée sur le résultat désiré plutôt que sur la situation actuelle inconnaissable qu'une quantité croissante d'énergie ira vers la manifestation du nouveau paradigme. À mesure que le chaos s'accélère, ceux qui éprouvent le désir de cette nouvelle existence de « rêve » en tant qu'idéal ou archétype, découvriront que ce désir créera un foyer de stabilité qui deviendra de plus en plus attirant pour la pensée. Leurs pensées migreront vers les sensations agréables et les visualisations accompagnant le désir d'une nouvelle existence. Le rêve leur fournira une diversion agréable de la réalité apparente qui s'intensifiera alors que le chaos progressera vers le point de la libération de l'énergie qui pourra alors être ré acheminée dans la manifestation du nouveau paradigme.

Le désir d'être organisé ou de s'organiser, pour produire cette transition, sera à la fois une aide et une gêne. Il sera bénéfique dans la mesure où il encouragera la discussion et l'éveil à la nécessité et au désir de changer le vieux statut de l'humanité face au groupe extérieur qui s'est approprié la Terre. Il portera aussi avec lui des semences de tendances qui ont empêché dans le passé la vraie transcendance du modèle appris d'appropriation et d'exploitation de la planète et de ses habitants. Le désir d'organiser autour d'un chef plutôt qu'autour d'un concept ou d'un principe est fortement ancré dans la psyché des Terriens. Le besoin d'analyser des concepts et des principes dans le menu détail détourne leur énergie et les amène à poursuivre des avenues menant à des impasses. Ces aventures impliquent un gaspillage d'effort qui peut être limité et souvent évité en discernant intuitivement la direction adéquate qu'une pensée peut suivre pour arriver au but projeté. Le procédé qui consiste à littéralement sentir la direction appropriée par le biais de la visualisation permet également à chacun de constater quel groupe lui offre les meilleures occasions de croissance.

L'individu peut faire de grands progrès en pratiquant la liberté de choisir et ce progrès se répandra dans le groupe et dans la communauté humaine. Il est possible de comprendre cela en vous remémorant ce qui se passe à la surface d'un lac ou d'un étang. Des bulles montent du fond et viennent éclater à la surface, chacune créant son propre petit effet de ride, sans toutefois déranger l'équilibre du reste de la masse aqueuse, mais contribuant tout de même à l'oxygéner et à l'animer. Tout comme des bulles, les idées et les sentiments qui se rapportent à la création de la nouvelle matrice ou du nouveau pattern, ajoutent à son procédé de naissance. Nombre d'éléments seront considérés comme des contributions adéquates pour former un tout équilibré et harmonieux et ils seront acceptés. Puis, ils changeront et évolueront puisqu'ils prendront part à l'avancement expansif créatif de la potentialité qui expérimente avec la vie manifestée dans le but de se comprendre. Dans ce processus de la potentialité qui s'extériorise, observe et ramène la connaissance éprouvée en sagesse ou en compréhension d'elle-même, la diversité et le nombre d'occasions à poursuivre sont mathématiquement impossibles à calculer. Si le mental peut difficilement concevoir l'idée d'un nombre illimité de possibilités d'expression, vous pouvez tout de même vous rendre compte que le genre humain a été maintenu dans un modèle d'expérience incroyablement étroit et contrôlé, à l'intérieur d'une possibilité illimitée.

Comme ce modèle d'expérience est délibérément comprimé dans une capacité d'expression encore plus confinée et restreinte, la liberté d'évoluer tend à disparaître. Cette compression accrue produit une crise d'énergie aux niveaux individuel et collectif. Elle oblige également à ce que les limites restrictives soient par nécessité de plus en plus sévèrement contrôlées. Quand on considère le nombre d'habitants qui vivent sur la planète, on comprend que des plans aient été établis pour réduire ce nombre et que le programme visant à choisir qui survivra présente des profils très sélectifs. Pour choisir ces survivants, non seulement ils doivent avoir beaucoup d'information sur l'idéal mais aussi sur les groupes qui offrent les meilleurs candidats à utiliser comme prototypes génétiques. La génétique est très importante dans ces sélections puisque le plus minuscule des détails peut causer des problèmes dans l'avenir. Il est difficile, voire même impossible, pour la plupart des êtres humains sur la planète de comprendre le détail de l'information génétique qui est maintenant disponible pour ce processus de sélection. Le cerveau/ mental limité ne peut pas comprendre la quantité de connaissances accessibles aux processus du cerveau/mental complètement activé. La potentialité du cerveau/mental est directement proportionnelle aux chances mathématiques des possibilités qui sont latentes dans la matrice galactique. En d'autres termes, il n'y a virtuellement aucune façon de calculer le nombre de possibilités.

Prenant ceci en considération comme point de départ, ceux qui lisent cette matière peuvent commencer à comprendre les limitations que l'humanité a acceptées jusqu'ici ; ils peuvent réaliser qu'il est temps de mettre un terme à l'esclavage et de réclamer l'héritage disponible pour chaque entité consciente d'elle-même dans la Création. La conscience est l'unité immortelle indéniable qui est libre de rechercher son expression ultime à l'intérieur du potentiel incalculable disponible. C'est son droit de naissance. Cependant, la manière de le faire demeure une affaire de choix personnel. Ici, nous insistons sur le fait qu'il y a des niveaux holistiques de conscience de soi que l'esprit humain ne connaît pas. Nous avons mentionné que l'être humain est un fragment appartenant à une âme parentale mais cette notion exige une expansion de la fonction cerveau/mental pour que ce dernier en assimile la compréhension. L'accès à la compréhension nécessaire des plus grands aspects de l'expérience humaine vient avec la transcendance ou le passage de l'attitude de victime à celle de la responsabilité personnelle. Encore une fois, il s'agit de sortir la conscience de la déchéance provoquée par la dépendance au leadership dogmatique. Cela exige d'accepter de se tenir debout individuellement et collectivement dans sa compétence personnelle et de démontrer sa capacité de mener la situation actuelle au travers du chaos nécessaire vers une pensée positive de groupe qui fera avancer l'humanité. Cette transition est actuellement du domaine des possibilités et elle est pressée de trouver son expression.

Chapitre 20

Pendant que l'être humain s'illusionne sur la valeur de la servitude en croyant que son obéissance sera véritablement récompensée après sa mort, lorsque les portes d'un autre royaume lui auront été ouvertes, il compromet totalement son pouvoir personnel. L'individu croit qu'un contrôle qui lui est extérieur est supérieur au sien et qu'il a préséance. « Dieu » est la Source ultime de tout bien et les humains sont eux-mêmes la cause de tout « mal » parce qu'ils ont désobéi à quelques lois connues ou inconnues et qu'ils ont brisé quelques règles ou règlements. L'obéissance et le service sont les mots d'ordre de la « droiture » qui est « l'idéal de vie ». Pour ajouter davantage à l'ambiguïté de la situation, l'engagement à l'obéissance et au service permet le traitement cruel et inhumain des autres humains à la discrétion des religions et des gouvernements. Il est impossible pour les Terriens de découvrir leur identité et leur nature à l'intérieur d'un pareil système qui ne leur laisse aucune véritable liberté. Ils n'ont pas la liberté de saisir que le concept de Dieu, tel qu'il leur est enseigné, ne sert qu'un but seulement : celui d'asservir et de contrôler des êtres qui ont la capacité de devenir les égaux absolus de ceux qui forcent sur eux cette situation asservissante et de les surpasser même au plan de l'évolution.

Jusqu'à ce que les êtres humains sur cette planète ne soient disposés à s'éveiller à l'illogisme des données présentées et qu'ils comprennent que tout cela cache un but, que cela vise le contrôle et rien d'autre, aucun progrès vers une véritable liberté ne sera réalisé. Leur vie continuera de suivre le même cours pour des milliers d'années. Les jeux de manipulation qui sont maintenant en cours ne sont que le prélude d'autres événements à venir. Les aptitudes et les facultés d'adaptation du corps humain et de la psyché sont étudiées à fond afin de déterminer comment les plus adaptables pourront être utilisés et qu'est-ce qu'il seront capables de supporter. Un critère minimal est établi et seulement ceux qui rencontrent ce standard seront gardés et autorisés à procréer. Tous les autres seront exterminés par un moyen quelconque. Et tout cela fera partie des expériences de la survie par l'adaptation. Aussi incroyable que cette information puisse paraître, c'est la vérité vraie sous-jacente aux activités chaotiques qui se passent sur cette planète. Ce qui paraît chaotique aux yeux des participants est une stratégie bien organisée pour garder les habitants dans un état de confusion pour qu'il ne reste plus aucune organisation à leurs côtés pour échanger de l'information de manière significative sur l'avenir qui les attend.

Il est impératif qu'une portion du genre humain réfléchisse sérieusement à ces messages et qu'elle en vienne à distinguer la logique et le sens profond qui les animent. Ces personnes éveillées et conscientes doivent alors commencer à partager cette information avec tous ceux qui ont la capacité de s'ouvrir l'esprit afin de comprendre et d'accepter ces concepts en toute logique et de commencer à admettre que le pouvoir personnel renferme un potentiel qui dépasse largement la réticence venant de leur attitude de victime. De plus, ils doivent comprendre que ce pouvoir personnel n'a pas besoin d'être mesuré en tendances agressives ni ne doit l'être ; il doit se mesurer à la capacité de concentration spirituelle, émotionnelle et mentale.

Il est important de saisir que le foyer spirituel n'est pas celui des religions traditionnelles qui s'adressent à un Dieu bienveillant ou malveillant vivant à l'extérieur du moi. Chaque participant doit en venir à comprendre que son pouvoir repose sur la reconnaissance que tous sont invités à joindre la conscience de citoyenneté galactique ; cette dernière contribue au composite des énergies expansives et créatrices de la potentialité dirigées vers des expériences de groupe négatives ou positives. Malheureusement, ce secteur de la galaxie s'est fait piéger depuis longtemps dans l'expérience négative de la victime et de l'oppresseur/agresseur.

Se libérer d'un modèle d'expérience si bien établi exigera un engagement véritable et un désir bien focalisé. Il est important de noter que la matrice de ce modèle a maintenant porté son niveau d'expression vibratoire à sa limite ; elle a atteint un point de vulnérabilité qui permettra à son propre chaos destructeur de la désagréger, à condition qu'une nouvelle conscience s'installe chez les victimes. Voilà le but que sous-tendent ces messages. Cette mutation de la conscience peut être le catalyseur capable de provoquer la transformation et de signaler la fin de l'expérience extrêmement négative qui a tenu cette planète et d'autres prisonnières de sa toile. Ces messages ne sont qu'une partie de l'effort organisé en vue d'éveiller l'humanité sur cette planète. En s'ouvrant à la possibilité que l'information présente la Vérité avec un grand V, il est possible de commencer à valider son contenu à l'aide du matériel publié. Vous devez vous rappeler que l'information disponible présente l'interprétation personnelle des auteurs et qu'elle est empreinte de perceptions et de préjugés. Vous rencontrerez donc des contradictions. La vérité trouve son existence au point milieu d'un cercle et les opinions et les interprétations pointant vers ce centre arrivent de trois cent soixante (360) points d'observation. La vérité existe et plus elle est observée à partir de points différents, plus la perception devient claire. Le fait de s'ouvrir à son existence invite la clarté et la compréhension de ce qu'est la Vérité perçue.

Les Terriens ont été délibérément entraînés le long de leur sentier d'évolution à servir d'esclaves. Vous devez accepter ce fait si vous voulez arriver à comprendre la situation dans laquelle se retrouvent les Terriens à l'heure actuelle. Ensuite, vous devez saisir que le cadeau de la conscience de soi leur permet de se rendre compte que la servitude n'est pas leur seule option. Elle leur permet de dépasser cette expérience pour entrer dans la pleine citoyenneté galactique avec des occasions égales d'évolution soutenue et de participation à l'expansion de la potentialité. Cela ne requiert aucunement la permission d'un super être quelconque inconnaissable pour prendre effet. C'est un cadeau qui fait déjà partie de votre héritage. Toutefois, chacun doit accepter le cadeau, endosser la citoyenneté offerte et assumer non seulement ses avantages mais aussi ses responsabilités, d'abord en réalisant et en acceptant telle qu'elle est la situation qui les entoure et ensuite en décidant que le moment est venu de la transformer dès maintenant, et non pas dans un avenir imprécis. Il y a actuellement des mouvements cycliques qui coïncident avec d'autres phénomènes ; vous pouvez vous en servir comme d'un support dans la transformation devenue nécessaire. Ces mouvements aideront les Terriens si ces derniers utilisent leur sagesse et profitent de ce temps idéal pour muter.

Chapitre 21

Il est temps de vous préparer à faire face aux adversités qui vous attendent. Comment ? Il est impératif que chacun commence à répondre aux éléments d'inquiétude non pas extérieurs mais intérieurs. Ce que nous voulons dire ici, c'est que chacun doit en venir à réaliser que son attitude et ses opinions relatives à son identité sont de première importance. De plus, il est absolument nécessaire que chacun donne de son temps et accorde son consentement. Comprenez bien ceci : le temps, c'est maintenant. Quant au consentement, il consiste à accepter un changement total de perception de vous-mêmes. Vous commencerez en vous ouvrant à l'idée que virtuellement tout ce qu'on vous a enseigné sur le passé, le présent et l'avenir de toute l'humanité sur cette planète était un tissu de mensonges. Il est nécessaire d'accepter que ce qui vous fut présenté comme un mythe, ce qui fut dénié et ce qui fut prédit ou prophétisé comme étant l'inévitable avenir est en fait la vraie réalité. Une nouvelle fondation doit être établie pour soutenir la nouvelle conception d'une humanité composée d'êtres holistiques et autosuffisants dont la conscience intérieure constitue l'identité.

Le processus qui vous occupe est celui de la transformation de votre réalité ; cela veut dire qu'il vous faut passer de l'habitude de recevoir l'autorisation d'exister d'une source extérieure à la responsabilité personnelle de votre propre existence ; ce n'est pas une transition facile. Elle exige de repenser la plupart des processus de la conscience. L'entraînement à littéralement demander l'autorisation d'exister commence très tôt et il est programmé dans virtuellement toutes les formes d'expérience de vie. Une fois que l'individu accepte le fait qu'on l'a trompé, la transformation de son système de croyances s'effectue alors par le biais de la myriade de petites décisions prises chaque jour.

Au début, chaque choix momentané est examiné pour déterminer s'il est influencé par le savoir intérieur personnel qui tire sa lumière de la nouvelle fondation pour comprendre. Le droit à la décision personnelle de faire ce que l'on veut comporte non seulement la responsabilité de déterminer ce qui est approprié pour la personne qui fait le choix, mais également de déterminer comment la décision affectera ceux qui sont touchés par les effets ondulatoires de cette décision. Cela exige l'acceptation de sa responsabilité dans un ensemble plus vaste. Les effets ne peuvent plus être transférés au « pouvoir » qui était autrefois responsable d'avoir réalisé le souhait ; c'est à l'individu qui prend la décision d'en accepter les effets. Le décideur endosse les effets de la décision. Donc l'acceptation de participer à la création d'une nouvelle image d'expérience humaine entraîne un processus de maturation dans la citoyenneté plutôt qu'une subordination à une entité qui supervise. Si vous réfléchissez sérieusement à ce concept, vous constaterez que l'acceptation des inconvénients de « l'esclavage » avait comme avantage d'esquiver les responsabilités que la prise de contrôle de sa propre expérience implique.

Suite à la découverte du continent américain par les explorateurs, des colons et des pionniers émigrants se mirent en route vers le nouveau monde ; ils durent naviguer en eaux inconnues vers des situations tout à fait imprévisibles. De la même manière, les « pionniers de la nouvelle conscience » devront également faire face à l'adversité à tout moment. Ils trouveront les éléments les plus importants au fond de leur propre conscience car c'est là que se prendront les décisions qui vont déterminer le futur de l'humanité pour une très longue période à venir. La conjonction coordonnée de cycles cosmiques qui sont disponibles pour vous assister dans cette transformation épique de la conscience ne se répétera pas avant très longtemps en termes de temps linéaire.

Une décision consciente venant de la masse de l'humanité permettra à cette dernière de déterminer son avenir et de tourner son attention ailleurs grâce à l'appui des forces cosmiques/galactiques. Les Terriens sont placés devant cette occasion de mûrir et d'évoluer davantage mais ils n'y seront pas forcés. L'occasion est simplement cela : une occasion offerte. Mais il leur faut l'accepter et passer à l'action s'ils veulent voir se produire les changements possibles. Une poignée d'humains ne peut y arriver mais cette poignée doit diffuser ses compréhensions dans un effort concerté et avec zèle afin que le quotient nécessaire puisse être atteint. Ce ne sera pas facile.

Ce travail ne peut pas être remis à plus tard ou laissé à quelqu'un d'autre. La fenêtre d'occasion restera ouverte pour un temps mathématiquement exact et quand elle se refermera, eh bien, elle se refermera. Advenant qu'elle se referme, l'avenir des Terriens sera bien morne car l'exploitation de la planète et de ses habitants se poursuivra sans pitié. L'influence de forces venant de l'extérieur de cette planète et de ce système solaire affecte tout ce qui se passe sur la Terre. C'est évident. Ces forces sont légion et elles rivalisent entre elles pour obtenir le contrôle. Cela aussi est évident mais les humains encore assoupis ne perçoivent de la situation que leur propre petite expérience personnelle. Les histoires contradictoires d'activités à l'échelle mondiale qui reflètent ces forces en conflit les unes avec les autres sont même carrément rapportées par les médias pourtant contrôlés. Mais cela ne se voit pas parce que la vue d'ensemble est brouillée par la tromperie venant des plus éduqués qui sont soi-disant informés.

Sauf quelques rares exceptions, la majorité des gens en viennent à utiliser la confusion comme étant la seule réponse disponible car ils sont incapables de réunir tous les morceaux du puzzle pour former une image cohérente et logique. Il est nécessaire de continuer à agrandir l'image de votre réalité au-delà même de ce que les esprits les plus analytiques et les mieux renseignés connaissent. Le tableau est en effet très, très vaste. Comme vous dites, la vérité dépasse la fiction. Même les auteurs de science-fiction les plus imaginatifs n'ont pas saisi ce qui se passe vraiment. Il est important de percevoir la réalité dans toute son ampleur et cela ne peut se produire que si les citoyens de la Terre acceptent un par un le fait que l'attitude de victime constitue la première couche de la fondation qu'ils doivent démolir et remplacer. Elle doit être remplacée par la compréhension que les êtres humains sur cette planète ne sont pas des citoyens de deuxième classe. Ils sont les légitimes propriétaires et gouverneurs de la Terre. C'est là leur héritage et c'est également leur devoir et leur responsabilité.

La planète appartient à juste titre à ses citoyens et non pas à ceux d'une autre planète ou d'un autre système solaire. Pour contrôler leur propre planète, les citoyens de la Terre doivent contrôler leurs attitudes et pensées envers eux-mêmes. Ils doivent se connaître eux-mêmes pour être dignes de leur propre décision sans requérir l'autorisation d'autres êtres ou dieux imaginaires. Cela exige du courage et la capacité de faire face aux défis. Ces qualités sont inscrites dans votre sang, votre esprit et votre cœur ; mais il faudra transcender la programmation et les attaques à la santé aux plans

physique, émotif et spirituel avant que ces programmes et attaques
ne causent davantage de dommages. Les décisions que les lecteurs
prendront après avoir lu ces messages seront critiques, non seulement
pour eux-mêmes mais pour les générations futures qui vivront sur
cette planète pour les siècles à venir, à condition toutefois qu'il y ait
des survivants. Cela dépendra de la force rivale qui s'appropriera la
planète, advenant que l'humanité perde la partie.

Chapitre 22

Il y a certaines formes de concentration que l'esprit humain
ignore totalement et qu'il gagnerait à connaître s'il veut passer de la
servitude à la liberté de choix. L'objet de concentration de l'esprit
détermine la direction que prendront toute l'expérience et son
aboutissement. Lorsque la conscience se fait bombarder à profusion
par toutes sortes d'idées et d'expériences, confuses par surcroît, il lui
devient difficile de se fixer sur une seule idée ou un groupe d'idées,
de pensées, d'opinions et de désirs coordonnés en un seul point.
Justement ici, nous ne parlons pas de concentration comme telle mais
d'un processus plus général et plus facilement maniable de focalisation
sur un objectif. Focaliser permet d'inclure pour une courte durée ce
qu'on pourrait appeler la conscience périphérique des événements et
de l'information sans toutefois diluer l'objet de concentration général
ou sans s'éloigner de la direction projetée de l'intention. Focaliser
permet aussi de participer à la réalité actuellement perçue en même
temps qu'on maintient dans la conscience la direction intentionnelle
du désir ou de l'objectif projeté.

L'humanité doit d'abord s'ouvrir à la possibilité qu'il lui
appartient de droit de naissance de gérer la Terre et de prendre en
charge sa propre évolution, sans que des étrangers n'interviennent
ou ne les dirigent. Une fois qu'on laisse s'enraciner cette possibilité,
le désir de vivre cette expérience grandira de lui-même dans la
conscience puisqu'il est déjà bien établi dans l'inconscient. Ce désir
est latent ou enterré sous la programmation de contrôle mental placée
en couches superposées dans les structures sociales et religieuses à
l'échelle mondiale depuis littéralement des milliers d'années. Tout
ce programme de contrôle enveloppe la compréhension que l'espèce
humaine a d'elle-même, comme le ferait une peau résistante. Il est

nécessaire de se tortiller à l'intérieur de cette peau de compréhension trompeuse et de s'en défaire au complet afin d'entrevoir une nouvelle expérience et de la créer.

Si cela était impossible à accomplir, l'équipe adverse n'aurait alors aucune raison de meubler vos esprits de tant de couches de fausses informations ancrées de force par l'intimidation et la peur. Ce besoin qu'ils ont de contrôler à tout prix est l'indice que l'armure est fragile et que leur peur est plus grande que la vôtre. Si les êtres humains découvrent leur pouvoir et leur véritable héritage, les contrôleurs perdent leurs joueurs ; ils devront donc détruire la population, sauf quelques spécimens, et commencer à rebâtir la population en se basant sur les mêmes programmes de tromperie, de peur et d'intimidation. Ils ont bien essayé mais ils sont incapables de modifier les programmes d'ADN nécessaires pour provoquer une involution et ramener l'être humain à une forme plus animale.

En fait, ce qui vous sauve en ce moment, c'est le nombre de factions extérieures qui se disputent le contrôle de la planète – car il y en a plusieurs en effet. Est-ce que la Terre est si précieuse que cela ? En ce qui concerne les étrangers et leurs intérêts, c'est la compétition pour la suprématie qui est l'enjeu important. Chaque groupe possède sa clique de pions chez les humains trompés. Et vous tromper leur est nécessaire ; ils y arrivent à l'aide de techniques intelligentes et fallacieuses. Il est possible pour les humains éveillés et informés d'identifier ces cliques en observant les factions qui rivalisent pour le contrôle. La confusion règne, même parmi les médias contrôlés et les dogmes religieux. Les nouvelles vous rapportent des événements qui sont plus tard modifiés ou carrément effacés. Il y a désaccord et compétition entre plusieurs factions guerrières ; si vous pratiquez le discernement, leurs luttes et leurs discordes vous sauteront aux yeux.

Nombre de visions et d'expériences prophétiques ésotériques qui vous sont rapportées ne sont rien de plus qu'une autre forme de contrôle de l'esprit. Lorsque ces prophéties font état d'une vie future utopique qui n'inclut pas la responsabilité personnelle, méfiez-vous. La seule chose qui importe vraiment à ces factions, c'est de remporter le prix, peu importe l'état dans lequel se retrouve le prix à la fin d'une autre phase de l'histoire. Pendant ce temps, le genre humain peut continuer de sommeiller au beau milieu de ce jeu en réalité virtuelle ou se réveiller, se tenir debout dans sa propre conscience, et réclamer le prix – sa planète – juste sous le nez des factions guerrières. Les Terriens n'ont besoin que de s'éveiller à leur droit de naissance, individuellement et collectivement, de le déclarer ensemble et de demander de l'aide à partir de cet état de conscience, et ils la recevront !

Il est essentiel que l'humanité évolue jusqu'à un point de maturité qui indique sa capacité d'accepter la citoyenneté galactique. Pour être une planète de citoyenneté à part entière, la Terre doit être autonome. Sinon, elle est considérée comme une colonie, disponible pour qui veut la posséder et la gouverner. L'humanité ne peut se joindre à la famille galactique tant qu'elle n'est pas responsable d'elle-même et de sa planète. Elle doit également décider si elle veut être une expression positive ou négative. Les deux expériences existent. Aussi difficile que cela soit à accepter, c'est comme ça. L'aide est disponible, mais seulement sur une base de consultation. La citoyenneté est conditionnelle à la prise de responsabilité totale et entière et elle en est le fruit. Il ne s'agit plus d'agression versus régression mais bien d'agression versus progression. Certaines formes négatives et embourbées de l'énergie de potentialité expansive ont utilisé la Terre comme champ d'expérience pour faire un « trip » de règlements et de contrôle. Si vous comptez saisir cette occasion de changer la situation, vous devez prendre une décision : soit vous continuez simplement à jouer aux victimes comme vous en avez maintenant l'habitude, de telle sorte que ceux de l'autre camp peuvent continuer à jouer aux abuseurs – ces deux attitudes étant les deux faces d'une même médaille – soit vous créez un nouveau paradigme d'expérience.

Tel que mentionné précédemment, quand un quorum d'êtres humains qui déclarent leur indépendance et leur responsabilité personnelle feront de la citoyenneté une réalité sur Terre, l'opportunité leur sera présentée d'observer les autres expressions d'expérience positive actuellement en cours dans la galaxie et de pouvoir consulter. Vous aurez l'espace de temps séquentiel nécessaire pour synthétiser le nouveau paradigme et vous serez également protégés. Vous n'avez besoin d'idéaliser qu'une simple structure. La preuve de sa valeur résidera dans les changements personnels individuels qui seront démontrés par les êtres humains qui auront été capables de se défaire des chaînes de manipulation et de tromperie qui les retenaient. Ces individus doivent devenir la preuve vivante de ce qu'ils avancent et vivre selon leur conviction de responsabilité personnelle et collective. Il ne s'agit pas simplement d'arborer une belle philosophie, il faut la vivre.

Où va un individu qui n'a plus aucun dieu capricieux vers qui diriger ses voeux, ses désirs et ses peurs ? Est-ce que cet espace vide – autrefois occupé par un dieu qui donnait ou prenait, qui répondait ou choisissait de se taire, qui entendait ou non suivant ses caprices – peut jamais être rempli ? Mais oui ! Il est temps maintenant de vous rappeler les lois de l'univers, de les relire et de les mettre en pratique. Chacun doit devenir le dieu de sa vie car les lois sont les prémisses de l'expression de la vie. Les messages sont conçus de telle sorte qu'à chaque fois qu'ils sont lus, une perception différente s'en dégage, la compréhension grandit et le désir de faire l'expérience de la vraie liberté se trouve stimulé. Il n'y a pas de liberté sans responsabilité. Si la responsabilité est abandonnée, la liberté se dissout dans l'esclavage, peu importe le déguisement savant peint par dessus. Vous en êtes au choix entre ces réalités, à la fourche du grand chemin. Le moment est venu de décider.

Chapitre 23

Comme certains l'avaient prédit dans la Bible, les faux christs abondent, non pas sous la forme de personnes qui prétendent être le Christ, mais sous celle de gens qui prétendent que l'information qu'ils présentent viendrait « d'en haut ». Dans la plupart des cas, cette information contient des éléments de vérité. Les diffuseurs sont des gens très sincères et ils ne se doutent pas que ce qu'ils transmettent provient d'une manipulation de leur pensée. Leurs messages contiennent certains éléments de vérité vérifiables, ce qui donne de la crédibilité à leurs dires et permet au reste des messages de passer. On en connaît beaucoup sur la manière de fonctionner de la psyché humaine. L'art de manipuler les fonctions coordonnées mental/cerveau/corps est bien développé. Ceux qui s'appliquent à perfectionner ces techniques ont beaucoup d'expérience dans cet art car il fut longtemps pratiqué sur des êtres moins évolués. Mais cette branche de l'humanité s'est avérée un défi frustrant pour ceux dont l'intention est de restreindre et de renverser le processus d'évolution naturelle, vu la présence de l'élément de libre arbitre et la faculté d'adaptation de l'ADN des Terriens. La frustration se présente sous deux aspects principaux : non seulement l'humanité est-elle difficile à contrôler mais en plus, elle possède des éléments d'évolution que les visiteurs désirent incorporer dans leur propre expression de vie. Cependant, à ce point-ci, la plupart de ces étrangers n'ont pas été capables d'intégrer les changements désirés à leurs propres brins d'ADN. Leurs formes ont accepté quelques changements mais ce ne sont pas ceux que la plupart d'entre eux désirent.

Déclarer que le tableau d'ensemble actuellement présenté par la Terre est compliqué et ahurissant est une affirmation bien en dessous de la réalité. Tous les joueurs dans ce vaste tableau ont eu le contrôle de la planète à un moment donné ou à un autre, à l'exception d'un seul qui n'a jamais eu le contrôle et c'est l'humanité elle-même. Les autres veulent le contrôle de la planète et de ses habitants maintenant. Pour eux, remporter la compétition est aussi important que de décrocher le prix. Et pire encore, les ressources physiques de la planète ont plus d'importance que ses habitants. En conséquence, lors des confrontations finales, si la population ne peut pas être contrôlée et que pour s'approprier le prix, il devient nécessaire de la faire disparaître, ce sera fait. De plus, considérant le développement technologique dont jouissent ces joueurs, quelle chance l'humanité a-t-elle de survivre à ce scénario ?

Pour répondre à cette question, il est nécessaire d'en revenir aux principes de base définis au début de ces messages. Les quatre lois universelles gouvernent toute la potentialité en expression. Ainsi, suivant ces lois, on constate que ceux qui rivalisent pour le contrôle de cette planète ont attiré vers eux d'autres êtres qui rivalisent pour la même chose. Les habitants de la Terre ne sont pas impliqués dans cet objectif en ce moment. Mais s'ils focalisent de manière coopérative et qu'ils décident de s'approprier leur propre planète dans le but de créer un nouveau paradigme d'expérience, et lorsqu'ils le feront, ils cesseront de faire partie du scénario des contrôleurs. S'ils choisissent de changer leur perception et de passer de l'attitude de victime à celle de la personne qui prend ses responsabilités dans l'utilisation des énergies de potentialité expansives, alors le tableau change. Chacune des lois ajoute aux autres et quand la pensée s'incorpore aux lois, elle pense de manière indépendante, relâchant des actions complémentaires coordonnées de manières qui ne peuvent être planifiées par le mental/cerveau des individus. Par exemple, le corps humain fut créé suivant les lois universelles et il continue de penser pour lui-même, permettant une adaptation qui frustre ceux qui planifient autre chose pour lui.

Pendant que les Terriens se font prendre aux jeux des autres et qu'ils refusent de se rendre compte qu'ils sont eux-mêmes l'enjeu d'un jeu compétitif géant, ils ne peuvent pas se libérer. Il est de première importance que nous les en informions pour qu'ils réalisent quelle illusion les a nourris afin de les garder sous contrôle pendant que les joueurs continuent de se battre pour en avoir la propriété intégrale. Les joueurs sont de force égale ; donc, chaque mouvement est si déterminant que le temps que dure la partie ne compte pas. La durée de vie de ces joueurs est soit très étendue, quasi immortelle, soit à changements générationnels dans lesquels l'objectif visé est enfermé afin que la durée de vie ne change en rien le résultat final – autrement dit, ils se passent l'objectif de père en fils. Il serait facile pour ces êtres humains qui s'éveillent et acceptent la vérité du grand tableau d'ensemble de se sentir si insignifiants que cela les rende impuissants à changer la situation. En vérité, ils sont les seuls participants au scénario à posséder le pouvoir de le modifier. Les autres joueurs sont si enfermés dans leurs rôles d'abuseurs et de victimes que les chances de les voir se transformer sont minces, voire même inexistantes. L'humanité a appelé à l'aide, suppliant ces mêmes « dieux » qui l'ont entraînée dans cette situation, de l'en sortir. Quelle chance y a-t-il que ces êtres le fassent ? Aucune !

Les humains en devenir sur cette planète veulent devenir maintenant, ils doivent le faire par eux-mêmes. Ils doivent accepter qui ils sont et ce qu'ils sont, apprendre l'existence des lois universelles de base qu'on leur avait cachées, les mettre en pratique et créer leur propre nouvelle expression de potentialité. C'est leur droit de naissance inhérent. Il n'y a aucune autre porte de sortie possible à ce dilemme qui les entoure totalement et qui, en vérité, les menace possiblement d'extinction.

Chapitre 24

Alors que le moment de clôture des cycles se rapproche, ceux qui sont énergétiquement compatibles en sentent l'élan. De nombreux individus ressentent un inconfort mental et émotionnel en raison du flot des énergies qui sont maintenant concentrées dans le champ magnétique de la Terre et des énergies de pensée qui sont disponibles. Leurs sentiments et leurs impressions que quelque chose hors de l'ordinaire se passe motivent ces gens à chercher une cause à cet état inconfortable de manière à pouvoir y mettre fin. On utilise des signaux cosmiques – appelons-les ainsi – pour attirer leur attention car ces personnes, au plan énergiquétique, vivent encore en dehors de la bulle d'endoctrinement prônant la soumission. Ces personnes trouveront et liront ces messages et s'identifieront à leur contenu et à leur objectif, ce qui mettra fin à leur recherche de la cause de leur malaise et leur offrira une solution. Commencera alors l'engagement envers un objectif qui demande sa réalisation d'une manière difficile à ignorer. Une fois que la conscience a laissé s'installer en elle les graines d'un objectif, ces semences germent, s'enracinent et deviennent conscientes des occasions d'expression et de participation dans le cadre de leur expression.

Les gens qui se sont déjà engagés et qui focalisent leur intention de manifester un nouveau paradigme d'expérience attirent de plus en plus de collaborateurs dans leurs rangs ; cela illustre le fonctionnement de la Loi d'attraction. Ce rassemblement de gens qui partagent un foyer intentionnel de coopération active la 2e loi universelle, c'est-à-dire l'intention de manifester un objet de concentration commun. Cet objet commence à se clarifier et à s'intensifier, ajoutant ainsi encore plus d'énergie d'attraction. Le mouvement gagne en vitesse de manière exponentielle. C'est d'un point d'accord général partagé que jaillit l'élan organisateur pour une manifestation réussie de l'objectif projeté. À mesure que les lois commencent à agir et à interagir les unes avec les autres et l'une dans l'autre, le processus de la pensée qui pense démarre, ce qui incorpore des occasions et des moments de synchronie à l'expérience de ceux qui maintiennent vivant dans leur conscience l'objet d'intention.

Il est extrêmement important que ceux qui participent aux phases initiales maintiennent l'intention générale de créer le changement par le biais de leur propre désir de le faire. De cette intention naîtra la nouvelle expérience. Les Terriens ont été gardés en esclavage et laissés dans l'ignorance suffisamment longtemps. Le nombre d'êtres humains évolués qui vivent actuellement sur la Terre et qui désirent endosser la responsabilité de leur présent et de leur avenir est suffisamment élevé pour réussir à concentrer cette intention dans une nouvelle réalité. Il s'agit de leur présenter la vérité sur la situation et de leur offrir une solution qui n'exige pas qu'ils sacrifient leur vie à cause de plans néfastes dressés au détriment de l'humanité. Cette vérité exige simplement qu'ils changent leurs attitudes et qu'ils comprennent qu'ils sont les propriétaires légitimes de leur propre planète ; mais ils doivent démontrer leur disposition à se rendre responsables de la Terre et de la galaxie dont elle fait partie.

Il est nécessaire que tous et chacun comprennent qu'ils ont été l'objet d'une manipulation organisée à chaque tournant, par le biais de toutes les institutions – soient les gouvernements, les médias, les moeurs, les doctrines religieuses – et que les contrôleurs leur ont inculqué de force l'idée que la violence et la compétition constituent la réponse à tous les problèmes. Pourtant, l'intention calme, résolue et inflexible qui sous-tend toute forme de décision, d'action et de pensée provoquera plus de changements positifs à l'intérieur de la durée d'une vie que des milliers d'années de mauvais emploi agressif des uns et des autres. De plus, il est temps d'interdire à des étrangers d'exploiter les ressources naturelles minérales et les ressources humaines et animales que votre planète de résidence vous offre si généreusement. On peut dire que les concessions minières qui appartiennent aux Terriens leur ont été littéralement volées par des êtres venus d'ailleurs ; ces derniers, ayant déjà mal utilisé et maltraité leur propre planète de résidence, ont fait un mauvais usage des ressources de la Terre et les ont exportées. Ils sont occupés à dépouiller votre planète comme ils ont dépouillé la leur.

Une étude soigneuse de l'information documentée et des conclusions proposées actuellement disponibles en format imprimé mène l'individu/le groupe qui fait preuve de discernement à la conclusion inévitable qu'il y a en effet quelque chose qui ne tourne pas rond du tout. Il est temps de modifier le scénario pour le bien de l'humanité et de mettre un terme au viol littéral de ce domaine terrestre qui appartient à ceux qui y sont nés et à ceux qui y ont été déportés ; c'est là leur héritage et leur droit de naissance ou d'adoption.

Il appartient à l'humanité de réclamer cette résidence planétaire et de s'en déclarer la propriétaire ; mais il vous faut d'abord réfuter l'acquisition illégale de concessions minières et établir votre droit légitime à la propriété. Puisque le pouvoir des entités contestantes qui clament la légitimité d'une colonisation soutenue de cette planète est si totalement écrasant, la puissante résolution de cette situation problématique qui paraît si sinistre lorsqu'on la voit dans son ensemble repose donc sur l'utilisation des lois de l'univers, correctement comprises, appliquées et mises en action. Ceux d'intention similaire se rassembleront sous l'influence de la Loi d'attraction. Le fait de maintenir de manière coopérative leur intention de créer un nouveau paradigme d'expérience déclenchera l'action de la 2e loi et de son pouvoir ; ces deux lois entreront en interaction et s'intégreront, ce qui amènera une intensification discernable et attirera davantage de participants au processus.

La 3e loi universelle est la plus difficile à aborder et à pratiquer. C'est la Loi du laisser-être (patience, non-intervention). On doit permettre au processus de se construire autour de l'intention consensuelle focalisée. La meilleure façon d'appliquer cette loi, c'est d'accepter et de reconnaître comme étant valables toutes les nuances de la manifestation alors qu'elles commencent à apparaître non seulement au sein du groupe, mais aussi et surtout dans l'expérience journalière de la vie personnelle de chaque individu. Le nouveau paradigme d'expérience est une coalescence de toutes les expériences individuelles qui cadrent avec le foyer d'intention sur lequel les participants se seront entendus. Ces expériences s'intègrent au tout à mesure qu'elles sont notées, reconnues et appréciées. Ce sont les petits événements qui inculquent la confiance qui est au centre de l'application de la Loi du laisser-être. Le doute est un piège humain normal, mais quand le désir de changement est profondément ressenti et qu'il est soutenu par une confiance mentale et émotive, il doit se manifester. Ce ne sera pas une phase facile ; c'est pourquoi l'encouragement qui se dégage de l'interaction entre de petits groupes et le partage du savoir et des événements qui supportent la réalité actuelle de l'expérience fortifiera cette phase nécessaire. Il y a également des individus qui arriveront à accomplir cette phase tout seuls. Tous sont appréciés !

La 4e loi, celle de l'harmonie et de l'équilibre, se manifestera dans la réalité par l'action intégrée et coordonnée des trois premières. Cela ne veut pas dire qu'il n'y a pas d'expériences polarisées dans le cadre de la Loi d'harmonie et d'équilibre. Bien sûr qu'il y en a. Cependant, nous ne retrouvons pas d'expériences extrêmes menant à un grand déséquilibre. Ce sont simplement des leçons de discernement qui démontrent la connaissance éprouvée en sagesse.

Chacun doit apprendre à compter sur la conscience qui l'habite pour percevoir où il se situe dans l'application et la compréhension des lois qui soutiennent toute la réalité manifestée. Cette attitude remplacera le besoin programmé d'attendre d'un pouvoir extérieur quelconque plus grand que soi-même le cadeau de l'autorisation de faire quelque chose ou de réaliser un désir. Il n'en tient qu'à l'individu de réaliser son désir en se servant des lois de l'univers pour lui-même et en coopération avec les autres. La pensée proprement projetée pense et agit jusqu'à ce qu'elle ait complété sa tâche si elle est correctement maintenue au foyer émotionnel et mental en vue d'un changement positif. Il faut garder le foyer « légèrement » à l'esprit. Lorsque vous voulez que votre corps se déplace d'une pièce à l'autre, il le fait en répondant simplement à votre motivation intentionnelle de le faire. Il agit tout à fait à l'intérieur de la Loi universelle d'intention dans l'action manifestée. Ce n'est même pas une pensée consciente, c'est une action projetée et elle se passe. La subtilité de cet exemple démontre le pouvoir de l'intention qui est « légèrement soutenue » mais que l'individu attend tout de même avec confiance de voir se passer. Il serait bon de réfléchir soigneusement à cet exemple et de bien le comprendre.

Chapitre 25

Ceux qui ont choisi de s'impliquer dans ce processus doivent s'engager fermement à changer les filtres à travers lesquels ils perçoivent leur expérience de vie. Ils doivent se rappeler que la perspective qu'ils adoptent est directement reliée à leur attitude personnelle. Soit que leur vision des choses reste obstinément fidèle à une manière unique et singulière de percevoir qui annule tous les autres choix possibles, soit qu'elle permette de réaliser que d'autres points de vue sont disponibles. Imaginez que ce qui est vrai se situe au milieu d'un cercle offrant 360 degrés de possibilités. Allez plus loin et imaginez maintenant une compréhension conceptuelle holographique où la vérité se trouve au milieu d'une sphère et où il existe tant de points de vue possible qu'on ne peut les dénombrer. Ce changement d'attitude produit une transformation en ce sens que le jugement fait place aux choix. Il autorise les autres à observer et à choisir et il encourage le soi à rechercher davantage de perspectives et une expérience élargie. S'ouvrir au fait que d'autres possibilités existent amplifie l'expérience de vie et intègre l'être dans le flot de l'énergie expansive qui vient de la Source de Tout ce qui est, cette source qui explore sa propre réalité par la connaissance qu'elle acquiert et éprouve en sagesse à travers l'expérience individuelle.

Il est difficile de comprendre que chaque expérience de vie contribue au Tout, ce composite intelligent (masculin et féminin) qui s'est volontairement fragmenté pour pouvoir ensuite ramener ces expériences éparpillées à l'intérieur de lui-même et les assembler de manière significative. Il ne peut être interprété qu'à travers des êtres intelligents qui observent leurs expériences et tirent des conclusions, autrement dit, qui transforment leur savoir en sagesse. Il collecte et traite des données et leurs conclusions, le tout provenant de l'expérience individuelle aussi bien que de l'expérience de groupe et de la masse. La conscience finie ne peut comprendre un tel esprit intelligent ; cela la dépasse. Vous avez seulement besoin de savoir que vous faites partie de ce processus, que vous en êtes une parcelle. La possibilité dans son infinité est constamment explorée et sujette à réflexion. Tous et chacun sont les instruments par lesquels ce processus se déroule. Il est donc important de comprendre qu'il n'y a pas de « péché » ou d'erreur ; il n'y a que l'expérience à éprouver dans la sagesse de la compréhension et l'infinité pour le faire.

Cependant, quand certains souhaitent conclure une expérience en vertu de la sagesse qu'ils ont acquise – ce qui est le cas présentement pour les êtres humains sur la Terre – ils peuvent s'enquérir du savoir nécessaire pour faire de nouveaux choix et ce savoir leur sera accordé. L'acquisition de connaissances enclenche le processus d'assistance. Cependant, la demande doit être faite dans le cadre des lois applicables qui sous-tendent l'existence de toute l'expérience manifestée. Le groupe qui fait la demande doit avoir une compréhension de ces lois et il doit d'abord les mettre en application avant qu'une assistance ne lui soit accordée.

À la lumière de ces messages, il est possible de visualiser le cercle vicieux dans lequel les Terriens se trouvent enfermés. C'est comme une roue d'existence de laquelle nul n'a jamais pu s'échapper. Vous pouvez comprendre pourquoi ceux qui préfèrent que cette planète reste une colonie plutôt qu'une entité indépendante et autosuffisante ont de longue date utilisé tous les moyens possibles pour s'assurer qu'il en soit ainsi. Lorsque leurs actions ont été mises sous examen minutieux, ils ont dû manipuler les Terriens pour que ces derniers en arrivent à créer eux-mêmes des mesures de contrôle afin de leur faire absorber la responsabilité de leur propre mise en esclavage. Par conséquent, vous en venez à comprendre la structure de pouvoir et les systèmes de récompenses qui ont été fabriqués pour attirer ceux qui appliqueraient ces techniques de contrôle sur leurs compagnons humains et qui utiliseraient également des moyens destructeurs pour leurs propres gains apparents et au détriment de la planète. Combien de temps vont-ils encore jouir de cet avantage sur les autres êtres humains ? C'est à voir. Notez que ceux qui ne sont plus utiles à la conspiration visant le contrôle total mais qui en connaissent les rouages semblent mourir de manière pour ainsi dire intrigante.

La capacité d'observer permet à chacun de choisir ce dont il veut faire l'expérience dans sa vie. Ce processus de choix permettra au genre humain de changer le destin que certains leur ont planifié et de se dérober au contrôle et à l'influence de ceux qui contrôleraient cette planète et s'en déclareraient les propriétaires plutôt que de permettre à ses habitants d'évoluer vers la citoyenneté galactique. La solution repose sur la capacité des résidents humains évolués de la Terre à se déclarer propriétaires de leur planète et à s'en porter garants – car ils ne le savent pas mais ils ont le premier droit de refus. La colonisation par des étrangers n'est rendue possible que s'ils l'autorisent ; dans ce cas-ci, c'est une autorisation par défaut étant donné que les Terriens ignorent leur propre capacité de se déclarer propriétaires ; pour la plupart, ils ignorent même qu'ils sont colonisés. Étant donné que vous avez maintenant accès à une documentation imprimée sur les évidences historiques soigneusement documentées d'une présence étrangère sur cette planète depuis des millénaires et une myriade de témoignages relatifs aux OVNI, les observateurs qui viennent de l'extérieur ne peuvent pas comprendre comment vous pouvez encore ignorer le fait de cette présence étrangère chez vous ; pour eux, c'est illogique. C'est comme si les habitants de la Terre étaient totalement rivés à l'acceptation de leur esclavage et du contrôle. Sauf un petit nombre d'individus et c'est sur lui que repose maintenant l'espoir de survie de l'humanité et de la planète. « Que la force soit avec vous ! »

Chapitre 26

Bien que l'humanité dans son ensemble soit incapable de focaliser l'intention et le but en une unité cohésive, un groupe représentatif dont l'intention est claire et qui entend représenter la collectivité peut mettre un processus en mouvement. Ce sont les composants d'intention et de but, clairement identifiés comme étant représentatifs de la pensée collective et focalisés sur un résultat défini, qui attirent à eux les énergies qui leur permettront de se manifester dans la réalité. Il est nécessaire qu'un grand nombre de participants contribuent au foyer d'une unité d'intention définie pour attirer le pouvoir des énergies créatrices subtiles. Les mots que les participants choisissent pour s'exprimer n'ont pas à être exacts ; cela n'a pas d'importance. Le facteur cohésif, c'est l'intention liée au résultat final.

Voici un exemple : supposons que le recouvrement des droits de propriété que vous possédez sur cette planète soit le résultat final désiré ; et aussi supposons qu'un groupe de personnes qui ont évolué sur cette planète déclarent qu'il leur appartient de la gérer et de décider de son destin, sans intervention d'intéressés venant de l'extérieur. Ce serait une définition d'intention et de but qui serait suffisamment claire pour attirer les énergies de la Loi d'attraction. Ceux qui abritent en leur cœur un désir similaire tendraient à se joindre en pensée à cette intention et ce but. Les lois universelles commenceraient alors à opérer, en raison de la pensée focalisée sur ce désir et de l'intention maintenue de le voir devenir une réalité pour le bien de tous les vrais citoyens de cette planète et pour la planète elle-même. La pensée et le désir enflammé par l'émotion engendreraient un processus de pensée plus élaboré et les énergies commenceraient à coaguler en événements et en circonstances qui supporteraient ce processus.

La clef n'est pas une résistance organisée à la situation apparente actuelle avec sa panoplie de circonstances et d'événements mais une concentration sur le résultat désiré. L'acte d'envelopper le résultat désiré avec les émotions du désir et d'en maintenir l'idée est une application de la Loi du laisser-être. C'est la plus difficile à appliquer de toutes les lois car les événements qui se passent refléteront encore pour un temps l'expression du vieux processus établi jusqu'à ce que la concentration sur le résultat désiré commence à influencer l'image globale. Le processus des deux situations coexistantes doit évoluer dans une dissolution chaotique du vieux processus établi avant que le nouveau processus désiré ne puisse commencer à se manifester dans la réalité. C'est ici que se trouve la difficulté car le groupe d'êtres humains qui est maintenant instrumental dans l'initiation de la transformation de la réalité est aussi habitué à la satisfaction immédiate de ses désirs. De plus, il est extrêmement difficile, même pour ceux qui sont bien disciplinés au niveau de leurs capacités mentales, de maintenir une intention et un but fermement à l'esprit et au cœur jusqu'à leur manifestation dans la réalité, et cela, au beau milieu du chaos.

L'élan pour y arriver viendra de la situation désespérée absolue à laquelle font face les « humains en devenir » sur cette planète et la perspective de perdre tout le progrès accompli depuis les derniers millénaires. Pour établir la véracité de la déclaration que nous venons de faire, vous n'avez qu'à vous servir de l'abondant matériel maintenant disponible sur l'Internet, des discussions radiophoniques et des nombreuses révélations de conspirations qui sont publiées et qui font état de la subjugation des citoyens de tous les pays par les drogues, l'intimidation et la guerre aussi bien que par l'abus physique, mental et émotif. Les attaques délibérées sur la morale et les croyances familiales et religieuses qui sont à la base de l'expérience humaine dépassent maintenant l'acceptation logique d'un esprit qui n'a pas déjà perdu sa capacité de réfléchir et d'analyser clairement les données. Heureusement, il reste encore à l'esprit et au cœur de tous les humains certaines clés ou déclencheurs qui peuvent encore être activés et qui leur permettront d'accéder à un état de conscience qui a le pouvoir de repousser l'acceptation soigneusement programmée de la propagande dont on a gavé leurs esprits. L'attaque soutenue sur la santé des corps physiques par le biais d'une nourriture altérée, des drogues et du système de soins de santé, a créé une complication supplémentaire au-dessus de laquelle l'humanité doit s'élever. La faculté d'adaptation du corps humain étonne même les auteurs de tout ce scénario visant le contrôle. Mais attention, de nombreux Terriens ont maintenant atteint la limite de leur capacité à absorber les abus.

Souvenez-vous que tout ce que nous venons de mentionner fait partie non seulement du scénario de contrôle des planificateurs sombres mais joue également un rôle dans la création d'un chaos nécessaire pour permettre la naissance du nouveau paradigme d'expérience. Malheureusement, vous devrez également vous rappeler que dans la nature, c'est la « survie du plus fort » qui est la règle ou en d'autres mots, la « survie du plus adaptable ». Par conséquent, les sages commencent à s'aider eux-mêmes en faisant des choix judicieux qui les aideront à survivre en décidant soigneusement quels aliments ils consommeront et quels produits pour les soins du corps ils utiliseront et de plus, quelle programmation entrera dans leur conscience. Presque tous les médias sont programmés contrairement au plus grand bien de ceux qui s'y exposent régulièrement. Il est utile d'être conscient de leur objectif et de décider de n'y glaner que ce qui constitue votre plus grand bien. Il est sage de se souvenir que trop de données médiatiques accable même le plus habile à choisir ce qui lui sert et ce qui ne lui sert pas. Par médias, nous voulons dire les écrits, la radio, la télé, le cinéma et la musique également.

Ceux qui provoqueront ce renversement phénoménal du scénario organisé pour le futur de la Terre et des Terriens qui auront survécu apprendront et appliqueront bien les quatre lois fondamentales de l'univers. Ces lois deviendront le « Dieu » de leur vie et l'avenir reposera sur la sagesse qu'elles offrent. Elles serviront de fondation au nouveau paradigme d'existence. Tous les blocs de construction seront façonnés à partir de leur application. Leur simplicité et les énergies et l'intelligence de leur interaction avec des esprits concentrés qui focalisent clairement leur intention pour le plus grand bien et le meilleur de tous produiront des changements pour le meilleur de cette planète et pour l'humanité au-delà de tout ce que l'esprit humain actuel ne peut jamais imaginer. C'est le désir clair et présent de cette expérience incroyable qui doit attirer et capter les esprits de tous ceux qui lisent et résonnent avec cette information. L'avenir de cette planète repose sur vos épaules intérieures. Il reste à savoir s'il y a suffisamment d'engagement et de concentration pour provoquer le désir de posséder et de guider cette planète et de poursuivre votre progrès. Une galaxie peuplée d'êtres divins, vos compagnons d'existence, attendent votre décision et les actions subséquentes qui refléteront cette décision.

Chapitre 27

Alors, que feront les autres citoyens pendant que ceux qui se sont engagés à créer un nouveau paradigme d'expérience se concentrent sur un tel projet ? À l'exception de ceux qui se sont alliés aux forces négatives, les gens créeront le chaos nécessaire pour que survienne le changement. Par conséquent, il est nécessaire que ceux qui contribuent à cet aspect du changement soient libérés de tout jugement de la part du groupe créatif et qu'ils soient autorisés à contribuer à leur manière et selon leur capacité. Puisque beaucoup de ces gens qui se trouveront incapables de se permettre de joindre le foyer créatif seront des amis et des membres de la famille, il sera difficile pour « l'équipe au sol » de demeurer concentrée et de « permettre » à leurs proches de contribuer au chaos. Mais si vous savez qu'ils peuvent encore être attirés vers le nouveau paradigme un peu plus loin au cours du processus et que vous l'acceptez, il vous sera plus facile de les laisser à leur opportunité d'apporter librement leur contribution.

Il est important que ceux qui choisissent de se joindre activement à la concentration sur l'intention et le but visant la manifestation d'un nouveau paradigme d'expérience comprennent clairement qu'il n'est pas recommandé de prendre leur engagement à la légère. La matière de cette série de messages vise à instruire le lecteur pas à pas et à modifier la manière dont il perçoit le monde qui l'entoure en ce moment. Elle pointe vers une méthode logique et compréhensible qui initierait le changement ; en même temps, elle établit carrément que le sentier qu'il faut fréquenter pour prendre part à la transformation de l'avenir projeté de cette planète et de ses habitants présente plus de cactus que de fleurs. C'est seulement vers la fin du chapitre que les cactus feront place aux fleurs mais le résultat vaudra décidément la peine que vous vous donnerez.

Nous encourageons chacun à se souvenir que les Lois universelles d'attraction et de création intentionnelle commenceront à transformer la situation globale une fois que la concentration sur le désir d'un nouveau paradigme commencera à lui donner une forme dans la conscience collective, grâce à ceux qui l'y auront introduit et qui l'auront maintenu vivant, étant donné leur engagement bien aligné aux plans mental et émotif. Il sera difficile au début de reconnaître les signes de cette transformation ; la situation se révèlera dans des événements synchrones qui ne seront pas toujours reconnus pour ce qu'ils sont. De plus, une fois que le mouvement des gens qui lisent ces messages et qui résonnent avec leur contenu gagnera de l'élan et que le désir pour une nouvelle expérience humaine prendra de l'ampleur, des contributions permises vous parviendront de vos voisins galactiques, vous apportant ainsi une aide supplémentaire.

Certains Terriens se mettront simplement à se syntoniser avec le concept, alors qu'il devient subtilement disponible dans la conscience collective, et ces gens ajouteront leur propre désir d'une nouvelle expérience sans avoir lu nos messages. Pour beaucoup d'autres, les livres leur seront offerts ou ils en trouveront des copies qui ne furent pas utilisées par ceux qui les ont reçues, une démonstration d'événements synchrones qui surviennent en vertu de l'action subtile de la Loi d'attraction.

Alors que ceux qui sont engagés dans le projet lisent, relisent et discutent les concepts proposés dans nos messages avec d'autres individus aux idées similaires, les vibrations de leur pensée contribuent grandement à invoquer la Loi d'attraction. Puis, le pouvoir de leur intention et de leur engagement invoque la Loi de création intentionnelle et ce pouvoir passe à l'action créative, alimenté par les émotions qui accompagnent le désir de cette nouvelle expérience. À ce point-là, la personne impliquée a mis les deux premières lois en mouvement. S'en tenir à l'engagement et être résolu à éprouver cette occasion en sagesse mène alors à la difficile invocation de la 3e loi, la Loi du laisser-être. Cela exige ce que vous appelez « la foi », où vous savez que les lois existent et qu'elles fonctionnent, même au milieu du succès continuel apparent de ce qui a besoin d'être changé et également pendant la période de chaos qui viendra démolir ce qui doit disparaître. Les héros – chantés et méconnus – du nouveau paradigme sont ceux qui pourront s'engager, saisir ce que sont les lois universelles de base et la manière de les appliquer et leur permettre de produire le but désiré via le processus de démantèlement et de formation.

Il n'y aura aucune satisfaction immédiate. Cela n'arrivera pas du jour au lendemain. Le plan de déshumaniser la population de cette planète est trop bien établi pour être modifié rapidement. Mais, un désir focalisé et une intention bien dirigée peuvent changer cela ! L'objectif ne peut être accompli que par des citoyens bien vivants qui savent qu'ils sont des êtres puissants, alliés aux lois de l'univers et au courant créatif de l'intention divine. L'intention divine veut que l'humanité puisse choisir sa propre destinée, qu'elle mérite le droit inhérent de le faire. Cette humanité doit cependant choisir entre s'avancer sur le sentier du libre arbitre ou se courber devant les contrôleurs qui attendent ce choix et font tout en leur pouvoir pour influencer sa décision. La décision doit se prendre individuellement. Puis, ces choix individuels se fonderont ensemble pour former une marée montante d'intention et d'objectif.

La quantité de contrôle mental réalisé à l'aide de multiples techniques et dont l'humanité a fait et fait présentement l'objet n'importe pas. Il restera toujours des déclencheurs logés dans le cœur et l'esprit des individus qui peuvent être activés pour provoquer des transformations mentales et annuler en un instant toutes les réponses programmées. Ces éveils se produisent maintenant de plus en plus rapidement, suite à des coïncidences singulières. À mesure que se répand l'idée qu'une nouvelle expérience est disponible pour qui veut s'engager, les coïncidences se multiplieront de manière exponentielle. La vague de désir non seulement pour le changement mais pour le renversement de la tendance actuelle qui mène à l'esclavage commence à se manifester. Prenez courage et ne laissez pas votre désir tiédir ou votre engagement faiblir. Le temps est venu pour l'équipe au sol de redoubler d'effort et de poursuivre le travail ! Maintenez clairement votre désir à l'esprit ; sentez le mouvement des lois universelles alors qu'elles supportent l'humanité. Soyez conscients qu'il existe beaucoup de concitoyens galactiques qui attendent le moment de vous apporter leur aide quand cela leur sera permis.

De nombreuses facettes du mouvement coopératif qui supporte cet effort pour que l'humanité regagne le droit de déterminer son propre destin vous sont inconnues. Les membres de l'équipe au sol ne se connaissent pas l'un l'autre ; cependant, l'action de chacun supporte les autres et le plan dans son ensemble. Il y a un plan, vous pouvez en être sûrs ! De même que les oppresseurs ont un plan, il y a un plan qui ne s'oppose pas au leur mais le transcende. C'est une différence très importante qu'il faut comprendre. Quel bien cela ferait-il de simplement s'opposer et de bloquer une expérience négative planifiée ? Il est nécessaire de la transcender et de créer quelque chose de nouveau. Réfléchissez soigneusement à ce concept et souvenez-vous-en dans vos moments de découragement !

Chapitre 28

Comprenez que le moment est arrivé pour l'humanité de réaliser qu'elle se tient à la croisée des chemins. Elle doit prendre une décision, celle de continuer à vivre sous l'influence de ceux qui perpétueraient le régime de contrôle ou celle d'accepter la responsabilité de choisir son propre avenir. En raison des méthodes de contrôle actuellement appliquées, une grande portion de l'humanité se retrouve incapable de considérer le choix d'une telle responsabilité. Si l'on considère le nombre d'êtres humains qui ne sont que vaguement informés de la situation à laquelle la planète et eux-mêmes font face, les chances de réussir à attirer l'attention sur la question d'un bon nombre d'entre eux sont presque nulles. Cependant, lorsque ceux qui sont informés s'accordent sur ce choix, peu importe leur nombre restreint comparé au nombre total d'habitants, les plateaux de la balance du pouvoir changent. Ceci est encore plus puissant lorsque les unités concertées sont alignées dans le cadre de lois universelles en action.

On se souviendra que lorsque les activités d'un groupe interfèrent avec les libertés d'évoluer d'un autre groupe, elles entrent en conflit avec le flot naturel de l'expansion créatrice de l'environnement galactique/universel. Un plan qui est en conflit avec le courant créatif exige une grande attention et une gestion constante pour se maintenir car il n'y a pas de pensée créatrice interactive pour entrer en corrélation avec des facettes d'activités appartenant à une poussée naturellement cohésive vers la manifestation. Une fois qu'un groupe prend la décision et s'accorde pour réinsérer une société trompée dans le courant d'évolution expansive, le ciel et la terre unissent leur flot d'énergie pour accomplir cet objectif. Les lois universelles sont invoquées et « la pensée qui pense » entre en interaction et produit des résultats qui sont au-delà de la compréhension du groupe d'origine concentré sur le projet. Le mouvement grandit de façon exponentielle et la manifestation se produit spontanément.

Une vision d'ensemble en version condensée permet à ceux qui contemplent la possibilité d'accomplir un tel changement profond de percevoir et de sentir ce qui peut se faire ; cela leur permet également de saisir comment le processus fonctionne en essence. Cependant, il est nécessaire que tous et chacun comprennent que le procédé ne travaille pas par lui-même. S'il le faisait, la situation telle qu'elle existe maintenant ne se serait jamais produite. Il faut donc faire un travail de base soigneux pour que le procédé démarre et qu'il se poursuive jusqu'au point où il se complétera de lui-même. Il existe en effet un point comme celui-là ; toutefois, le groupe d'origine ne pourra déterminer ce point en aucune façon. Il devra donc initier le désir et continuer de maintenir l'intention en place tout au long de la plus grande portion du procédé ; sinon, il risquerait de se retirer dans un élan de confiance exagérée avant que ce point inconnaissable n'ait été atteint.

Nous avons souligné à maintes reprises la nécessité d'un désir et d'une intention ; toutefois, il vous faut aussi l'action. La résistance physique aux forces irrésistibles qui projettent d'intensifier leurs rôles de contrôleurs est inutile et futile. Vous tous qui projetez de changer le destin de cette planète et de ses habitants devez diriger votre action vers la diffusion des concepts de la manifestation d'un nouveau paradigme. Ce nouveau paradigme d'expérience prendra forme en comprenant et en appliquant les lois universelles de base – AILE : Attraction, Intention, Laisser-être menant à l'Équilibre et l'harmonie. Cela paraît être assez simple en théorie. Cependant, l'application de ces principes au beau milieu de la contrainte, du chaos et de la confusion, en maintenant une confiance ferme et en sachant que les lois marchent même si aucune preuve physique n'est là pour justifier cette croyance capitale, n'est pas une mince tâche. Le processus n'est pas simple et son application n'est pas facile lorsque l'individu engagé ne peut faire confiance à ses cinq sens pour lui indiquer ce qui se passe.

Si l'humanité ne peut pas rassembler un groupe d'individus concentrés engagés à maintenir ce désir et cette intention d'une nouvelle expérience, la planète elle-même commencera donc un nettoyage qui lui permettra d'éviter l'extinction. Ce processus est déjà commencé. Le degré d'engagement des participants et la tenue de cet engagement au fur et à mesure du déroulement des événements subséquents détermineront grandement dans quelle mesure la planète aura besoin de se nettoyer. Cet engagement implique l'abandon de la position de victime et la volonté de se déclarer citoyens de la Terre, avec les responsabilités que cela implique. Il ne peut y avoir de regard en arrière, ni de blâme par rapport aux expériences passées et présentes ; de plus, des décisions doivent être prises pour réparer les dégâts causés à la planète. Les comportements avaricieux et abusifs doivent être transcendés ; ce qui représente le plus grand bien de tous et chacun sera le facteur de contrôle toujours présent. On ne peut permettre à ceux qui n'acceptent pas ces directives d'influencer les situations de prise de décision. Le discernement et la révélation d'intentions marqueront toutes les discussions.

Si la Terre entreprend de se nettoyer elle-même, alors à quoi servent ces messages et le désir et l'intention de ceux qui sont attirés vers ce processus ? Qui, en effet, survivra pour repeupler la planète : ceux qui ont mal utilisé la planète ou ceux qui guériraient les habitants et la planète avec une intention d'amour ? Puisque tout ce qui existe en tant que réalité manifestée vibre, ceux qui existent à un taux vibratoire en harmonie avec la planète se retrouveront dans des endroits sûrs. Ces places sécuritaires existeront là où ces individus se trouvent. Il n'y a aucun endroit sûr comme tel sur la planète en dépit de toutes les prédictions. Il y aura des places sûres au milieu de toutes les expériences de désastre. C'est la conscience même des individus qui créera ces places. Ceux qui répondent à l'appel à la citoyenneté planétaire et galactique et qui sont capables de transcender la position de victime et d'endosser la responsabilité pour créer une nouvelle expérience traverseront les jours à venir pour guider cette planète vers un nouveau niveau d'expérience. La Loi d'attraction mènera vers son inévitable crépuscule d'équilibre et d'harmonie. Est-ce que certains êtres humains pourront s'en tirer ? Cela dépend entièrement des choix individuels. C'est la responsabilité des membres de l'équipe au sol d'offrir ce choix à autant de gens que possible, aussi bien que de faire ce choix pour eux-mêmes et de s'y tenir à mesure que le processus se poursuit jusqu'à sa conclusion.

Les cycles tirent vers leurs conclusions inévitables et la fenêtre d'opportunité commence à se fermer. Les êtres qui ont évolué répondront. Ceux qui choisissent autrement doivent être bénis et autorisés à poursuivre leur propre chemin. Il est difficile de leur accorder cette liberté quand on est connecté par des liens familiaux et d'amitié avec ces gens-là ; mais il y a trop de travail important à faire pour s'arrêter sur l'avenir qu'ils ont choisi. Les graines plantées grandissent. Ayez confiance au processus et ne vous arrêtez pas. L'avenir tout entier dépend de la capacité de prendre des décisions difficiles à chaque moment. La force émotive pour faire ce qui doit être fait est disponible pour tous ceux qui sont engagés et qui adoptent le plus grand bien de tous comme principe directeur.

Chacun doit faire de son mieux à tout instant et n'entretenir aucun regret quant aux décisions prises et aux actions entreprises. La maturité dans la responsabilité vient avec l'apprentissage de la confiance en soi dans l'expérience de chaque instant, un processus nécessaire pour partager la naissance d'un nouveau paradigme. À mesure que chacun passe par différents niveaux pour arriver à éprouver en sagesse ce qu'il a choisi, les occasions abondent d'exercer le courage, la vigilance et la persévérance. Ces qualités sont des marques de maturité et elles signalent qu'un cycle d'expérience tire à sa fin. Chacun doit décider du point de maturité qu'il a atteint et s'il est prêt à s'engager à un nouveau niveau de défi. Ce projet ne s'adresse pas aux cœurs faibles, à ceux qui manquent de courage ou à ceux qui ne peuvent persévérer. Est-ce que vous savez où vous vous situez par rapport à cette offre ?

Chapitre 29

Les êtres humains font l'expérience d'un flot d'événements qui se présentent en séquences linéaires ; c'est ce qu'on appelle le temps. C'est de cette manière qu'ils progressent intérieurement et qu'ils croissent en sagesse. Ils en sont au point où ils peuvent maintenant transformer leur modèle d'expérience. Pour accéder à cette transformation, l'individu doit utiliser le libre arbitre qui habite chaque humain en évolution. En observant l'expérience humaine en mode holographique qui reflète plus exactement sa réalité, on voit que les expériences en progression linéaire (au fil des ans) sont en fait des contributions fragmentaires qui s'ajoutent à une totalité dimensionnelle. L'observation linéaire reflète une image plus plate, moins dimensionnelle, des progrès accomplis au travers d'événements manifestés qui furent éprouvés en sagesse. Pour comprendre comment les multiples expériences de vie peuvent contribuer à la totalité allant vers l'harmonie et l'équilibre à l'intérieur de la collection combinée de ces dernières, il est important de les assembler en une unité compréhensible. Lorsqu'une unité d'expériences approche le moment de son assemblage complet, ce qui lui manque au niveau des exigences « expérientielles » devient alors apparent. Certaines réalisations manquantes lui seront donc assignées pour assurer sa complémentation.

Un grand nombre d'êtres actuellement présents sur cette planète sont concentrés sur l'accomplissement de leurs exigences individuelles pour en arriver à la complémentation ou, comme vous diriez, à la remise des diplômes. Cela permet à la population indigène de jouir de l'infusion d'individus exceptionnellement talentueux qui arrivent de plusieurs niveaux d'expérience plus élevés afin de les assister dans leur processus en vue d'atteindre la liberté d'évoluer sans interférence. Qui sont ces êtres exceptionnels ? Il n'y a aucun moyen de savoir, car ils ne le savent pas eux-mêmes. Est-ce que ceux qui lisent ces messages sont de ces êtres exceptionnels ? Peut-être. Ce qui ressort de cette possibilité, c'est qu'il y a un réservoir de talents disponibles, avec des capacités exceptionnelles. Ces êtres ont des points spécifiques à éprouver en sagesse et leur présence actuelle sur Terre n'est pas un accident. Ils sont animés du besoin et du désir de compléter les expériences qui leur manquent. Les tâches qui leur ont été spécifiquement assignées ont une valeur dans la création du nouveau paradigme. Nous suggérons aux lecteurs de ces messages de regarder au-dedans d'eux-mêmes et de se demander si leur expérience de vie actuelle les satisfait. Si la réponse est non, alors peut-être trouveront-ils dans ces messages une résonance qui leur permettra de s'éveiller au désir de remplir un vide intérieur qui a été camouflé jusqu'à maintenant par leur style de vie, la programmation

médiatique et le malaise général de confusion discordante qui
prolifère en ce moment. Cette possibilité vaut bien la peine qu'on y
porte attention.

Les individus qui réfléchissent sérieusement à la possibilité que
nous venons de mentionner se demandent ensuite si l'autre camp est
conscient de la présence d'entités si talentueuses parmi la population.
Oui, c'est possible, et probable dans bien des cas. Plusieurs ont perdu
la vie aux mains des forces opposées. L'infiltration est une méthode
utilisée par les deux camps. Il y a une curiosité naturelle à savoir
ce qui se passe dans l'autre camp. Cela se fait souvent par choix
individuel plutôt que par dessein ; en conséquence, si une personne
semble pour ainsi dire impliquée avec l'autre groupe et que son jeu
soit découvert, elle est éliminée. Il est donc imprudent de juger tous
les participants comme étant ce qu'ils paraissent être.

D'autre part, ceux qui possèdent un talent spécial se retrouvent
souvent enchevêtrés dans une aventure romantique qui les éloigne de
l'expérience spécifique qui leur avait été assignée. Ils se retrouvent
souvent avec des choix difficiles à faire s'ils doivent satisfaire leur
ardent désir intérieur d'être ailleurs en train de faire autre chose.

On doit reconnaître aussi que l'aspect spirituel du soi n'a à
peu près rien en commun avec l'affiliation religieuse standard vers
laquelle la personne moyenne est poussée. La satisfaction que la
plupart des gens trouvent dans les religions tient plus à la position de
la victime qui requiert la promesse d'une délivrance qu'à une réelle
réalisation spirituelle, étant donné le dogme religieux programmé dans
leur conscience. Ils cherchent à mieux comprendre leurs sensations
de vide intérieur et on leur répond en leur offrant des dogmes
supplémentaires et de l'information mal comprise. Peu d'entre eux
découvrent une véritable satisfaction, sauf s'ils réussissent à dépasser
intuitivement les concepts offerts.

Cela ne veut pas dire que ces messages sont offerts à titre de
bible nouvelle. Cette information vise l'éducation de tous les Terriens
qui la reçoivent et qui sont capables de s'éloigner et de se détacher
des diffusions médiatiques, des enseignements religieux et familiaux
qu'ils ont reçus et également de la programmation subliminale. À
partir de là, ils peuvent considérer la possibilité qu'il y ait d'autres
concepts et informations disponibles qui peuvent les mener à
satisfaire les ardents désirs intérieurs qui peuplent leur propre psyché.

Un plan très élaboré a été soigneusement mis au point pour répondre à la longue et continuelle supplication qui s'exprime sous formes de prières et de pensées de libération de l'étau étouffant qui enserre la planète et ses habitants (pas seulement les humains mais aussi toutes les autres formes de vie). Chaque humain sur cette planète fait partie de ce plan. Combien d'entre eux répondront à l'appel intérieur ? Nous ne le savons pas encore. Tous pourront et devront choisir selon leur libre arbitre individuel car c'est la règle de base. Le libre arbitre de ceux qui répondent positivement inclut également la mesure de leur engagement et de l'action qu'ils se permettront pour répandre l'information.

La mise au monde d'un nouveau paradigme d'expérience sur cette planète est un exercice de coopération et non de compétition visant à déterminer qui est le plus fort. La coopération par la concentration et l'intention dans le cadre des lois de l'univers a un pouvoir de manifestation que l'esprit moyen sur cette planète ne peut comprendre. Le cerveau humain fonctionnel a vu son activité délibérément abaissée pour prévenir le mouvement vers la liberté que ces messages sont conçus pour faire démarrer. Il est important que ceux qui prennent cette information au sérieux et qui projettent de faire partie du foyer créatif coopératif commencent intentionnellement à exercer leurs capacités mentales. Cela peut se faire par les jeux, par des modes d'apprentissage expérimental et toute autre méthode qui les coupera de l'influence des médias et autres activités débilitantes présentes partout dans l'environnement moderne. Le cerveau, comme le corps, se détériore s'il n'est pas utilisé. Pour pouvoir se concentrer et s'en tenir à un engagement, il est extrêmement important d'être clair, au plan mental comme au plan émotif. Nous recommandons de lire de l'information qui est contraire aux dogmes en vogue mais également de concentrer votre pensée en vue de discerner la validité d'une telle information et l'intention possible de son auteur. Faites de même avec ces messages. Vous pourrez en tirer beaucoup si vous vous servez de votre intuition pour en discerner les objectifs ; nul doute que l'exercice révèlera à chacun des objectifs différents.

Chapitre 30

Les changements dont les êtres humains font l'expérience,

maintenant et plus tard, leur permettront de poursuivre leur évolution. En prenant connaissance des lois universelles et en apprenant comment agir et comment interagir à l'intérieur de leurs concepts, l'occasion se présente de progresser en accéléré et cela se manifeste à travers les expériences de tous ceux qui ont commencé à les appliquer. Quand un nombre de plus en plus élevé de personnes viendront à reconnaître que les lois fonctionnent et que leur application correcte produit les résultats désirés, la manifestation du nouveau paradigme d'expérience démarrera rapidement. L'application de ces lois deviendra naturelle à mesure que vous les utiliserez et que vous les comprendrez, sachant qu'elles fonctionnent et vous rappelant que la « pensée pense », alors que vous passez de la concentration et de l'intention vers l'expérience réelle. Cela ne vous prendra pas plus d'effort de concentration pour les appliquer sur une base continue qu'il vous en faut pour décider de vous lever d'une chaise et de vous déplacer vers la porte ou n'importe où ailleurs où vous désirez aller sans réellement appliquer une pensée concentrée. Tout cela s'accomplit par l'intention aussi facilement que la respiration ou tout autre acte qui est posé en sachant que c'est facile à faire.

La clef de l'application est de savoir que l'intention doit être en harmonie avec le flot d'énergies créatives expansives qui se déplacent et soutiennent les galaxies, les systèmes solaires, les planètes et les individus en manifestation pour qu'ils fassent l'expérience de la création en mode d'observation. Il est nécessaire de comprendre que toute réalité naît d'abord dans l'imagination, dans l'esprit du concepteur. Le foyer d'intention active le processus et le fait passer à travers les différents stades de conception jusqu'à la conversion en énergie. L'énergie se coagule en ralentissant sa vibration jusqu'à ce qu'elle devienne une matière qu'on peut toucher et observer. C'est ce qu'on appelle la réalité manifestée. En d'autres mots, ce qui est considéré comme la réalité est en fait l'intention focalisée, condensée par l'application des lois universelles, en soutenant fermement l'intention et en étant « convaincu » que le processus marche, jusqu'à ce qu'il le fasse. Plus la vibration de l'esprit focalisateur et de l'environnement immédiat est lente, plus le processus prend du temps à se manifester et plus il est difficile de soutenir l'intention suffisamment longtemps pour obtenir le résultat voulu. S'appliquer et apprendre à soutenir l'intention avec « légèreté » sans tenter de forcer sa création, tout en reconnaissant la validité du processus, permet à la pratique de produire les résultats escomptés.

Il y a une grande différence dans l'application des concepts de vouloir, croire et savoir. Vouloir ne crée que davantage de vouloir. Croire signifie seulement qu'une personne pense que le processus marchera ; mais « savoir » accomplit l'intention. Le « savoir » sera accepté et appliqué avec facilité en autant que l'expérience actuelle puisse démontrer que l'application marche. Les premières tentatives d'application doivent donc être raisonnables et croyables pour arriver à atteindre le niveau d'acceptation du savoir. Les nuances entre ces concepts sont importantes ; vous devez y réfléchir. Il est compréhensible que l'application délibérée des concepts relatifs à ces lois ne soit pas une tâche facile au début. Il est donc fondamentalement important de choisir une application unique afin de tester les théories. L'habitude de l'être humain est de vouloir tout à la fois et de manquer d'approcher un nouveau processus lentement et délibérément. L'apprentissage de l'application des lois se fait comme l'enfilage des perles d'un collier, une à la fois. Le défi est de maintenir clairement à l'esprit le concept à manifester sans lui ajouter de nuances qui le compliqueraient et le ralentiraient ou sans ajouter de détails inutiles qui bloqueraient carrément tout le processus. Encore une fois, la pensée pense et crée souvent une application plus grande que celle que l'esprit fini peut concevoir.

Les énergies de l'individu commencent à changer à mesure que l'intention et la capacité de soutenir clairement une intention se fortifient et qu'elles s'ancrent solidement. Il est probable qu'un ou plusieurs succès dans la manifestation d'un résultat désiré intégreraient fermement le processus à l'expérience. Cependant, cela ne paraît pas être le cas. La plupart des gens trouvent que les vieilles habitudes et les suppositions ne disparaissent pas facilement de l'expérience. Élever le niveau d'acceptation jusqu'à créer une aisance dans la manifestation naturelle requiert plusieurs succès. Il arrive aussi qu'une pensée informelle se manifeste ; c'est que le subconscient a activé les lois en réponse à cette pensée. De plus, il est possible de manifester de manière non intentionnelle des réalités qui s'appliquent à d'autres. Par conséquent, la déclaration « pour le plus grand bien de tous ceux qui sont concernés » est la meilleure assurance de sécurité possible et elle devrait être sagement ajoutée à toutes les intentions de manifester un désir. Il serait sage également d'utiliser régulièrement cette déclaration pour neutraliser les effets du bavardage continuel du mental qui remplit le vide entre les pensées conscientes significatives.

L'application significative des Lois d'attraction, d'intention focalisée et de laisser-être requiert un désir bien réel d'amener quelque chose en manifestation. Il est possible de manifester tout à fait rapidement une simple expérience non entravée par le rajout de détails inutiles ; cela dépend du degré de clarté, de la capacité à concentrer une intention et de l'émotion qui ajoute de l'élan au processus créatif. Le degré de « savoir » est le dernier ingrédient dans le mélange. Il est difficile de déterminer la différence entre croire et savoir. Encore une fois, c'est l'application facile et presque sans effort du désir, comme lorsque vous savez que vous pouvez vous déplacer de la chaise à la porte. Il y a une action qui est hors de tout doute et une connaissance de l'endroit où vous allez, mais aucune pensée relative aux efforts musculaires et autres du corps que ce mouvement implique ou à ce qui pourrait se passer une fois arrivé à la porte. Il est aussi nécessaire de maintenir l'idée que vous êtes en route vers la porte jusqu'à ce que vous y arriviez. En perdant votre concentration, vous pourriez aboutir dans la cuisine et vous demander ensuite pourquoi vous êtes rendu là.

De la même façon, il n'est pas nécessaire de déterminer tout ce qui est nécessaire à la réalisation d'un désir. Il suffit d'identifier le désir et d'y ajouter le montant minimal de coopération focalisée requis pour mettre le processus en mouvement pendant que vous soutenez l'intention de faire l'expérience du désir. On dit souvent qu'une personne a besoin d'être certaine qu'elle veut ce qu'elle pense qu'elle veut. Bien des gens ont souvenance de pensées ou de déclarations fortuites qui leur ont apporté des expériences aux conséquences inattendues. L'aspect créatif qui nous habite écoute et prend les pensées et les déclarations dans leur sens littéral, surtout si l'intention momentanée est sincère et supportée par un élan émotif.

Si l'explication paraît compliquée, l'application est assez simple. Cela se complique lorsque le doute ralentit ou détruit tout l'effort. Une formule menant à l'échec assuré consiste à commencer par choisir un désir qui est totalement contraire à l'expérience en cours. Par exemple, vouloir passer de la pauvreté à l'abondance à partir d'un désir unique mènera sûrement à l'échec. Mieux vaut commencer par quelque chose de petit et de simple. Agir comme si le désir était déjà réalisé ajoutera au processus ; par exemple, placez un cintre vide dans le placard pour le nouveau manteau, faites de l'espace dans l'armoire pour un nouveau plat ou pot, etc. Puis, soyez patients et attendez dans l'expectative.

Chapitre 31

L'invocation servant à manifester le nouveau paradigme d'expérience atteindra son plus grand effet lorsque vous appliquerez la Loi du laisser-être. C'est la plus difficile à appliquer de toutes les lois car elle requiert de laisser tomber la description détaillée du résultat désiré. Il est extrêmement difficile pour un esprit limité de se concentrer sur un résultat sans avoir l'impression qu'il lui faut absolument visualiser le processus par lequel viendra le résultat. Nous ne pouvons trop insister sur le fait que c'est sur le résultat qu'il vous faut vous concentrer. Vous demandez alors : de quoi ce résultat devrait-il avoir l'air ? L'aspect le plus important à envisager est plutôt : quelle en sera la sensation ? Par conséquent, il est nécessaire d'inventer une nouvelle expression telle que « ensensationner » (envelopper, garnir de sensations) afin d'exprimer adéquatement cet aspect de la manifestation. La manifestation résulte en effet de la compréhension et de l'application des quatre lois universelles (AILE). Leurs concepts respectifs ont été simplifiés et définis en mots tirés de votre vocabulaire pour permettre une plus grande applicabilité. Concentrez-vous, formulez votre intention et libérez-la accompagnée d'une (de) sensation(s) pour faire l'expérience de l'harmonie et de l'équilibre. Voilà, c'est facile et tout aussi possible de garder ces lois merveilleuses présentes dans votre champ conscient.

Nous avons intentionnellement focalisé sur l'aspect planétaire au cours de ces messages car nous visons la plus grande guérison possible. Cependant, cela ne veut pas dire que vous ne pouvez utiliser ces lois pour votre propre expérience. Mais souvenez-vous : il serait facile pour les êtres humains de devenir si préoccupés par leur propre drame que le plus grand bien de la planète se perdrait dans l'ensemble et « glisserait au travers des fissures ». Rappelez-vous ce point important : sans la guérison de l'ensemble, les applications individuelles des lois feront peu pour concrétiser la libération de l'humanité du scénario de contrôle organisé. Par conséquent, il est impératif que toute application personnelle des lois fasse partie du plus grand foyer planétaire ou qu'elle lui soit bénéfique. Les pensées s'y rapportant sont des plus productives si tout est « perçu et senti » comme faisant partie d'une grande projection holographique formée de toutes les applications qui contribuent au succès de la planète dans son ensemble. Dans un tel cadre, chaque succès individuel dans l'application des lois apporte sa contribution au plus grand foyer et le fortifie. En outre, l'individu attire dans son processus un plus grand foyer contributeur d'énergie venant de la totalité planétaire, un élan merveilleusement utile vers l'accomplissement de son désir. Encore une fois, nous vous rappelons d'inclure la déclaration « pour le plus grand bien de tous ». Cela relâche l'aspect de la « pensée qui pense » présent dans l'action des lois et permet d'utiliser des énergies qui autrement ne seraient pas disponibles pour contribuer à la totalité du modèle (holographique).

Les lois universelles, lorsqu'elles sont correctement invoquées, peuvent provoquer des changements merveilleux dans des situations qui autrement resteraient engluées dans leur mouvement et leur vitesse actuels. Ce remarquable processus produit un réarrangement complet des forces énergétiques en mouvement. Cela cause une période de changement énergétique chaotique mais cette transformation peut se produire rapidement si elle est libérée (laisser-être) pour compléter son processus sans que celui qui émet l'intention ne vienne restreindre son mouvement en ajoutant continuellement au processus des pensées additionnelles pour orienter la manière dont les lois devraient manifester le foyer désiré selon lui. C'est cette libération nécessaire, ce laisser-être, qui constitue la clé. Le processus pédagogique a apporté bon nombre de bénédictions au genre humain mais il a aussi causé de grandes limitations. La simple expérience tribale avec sa foi dans des rituels guidés a souvent amené des changements remarquables dont le succès était basé sur une expérience antérieure et sur la permission de laisser des « énergies inconnues » produire le changement désiré. C'était le laisser-être de cette « sage » énergie venue de l'extérieur pour accomplir l'exploit qui lui permettait de se produire. On comprend mieux si l'on sait que « ce quelque chose de l'extérieur », ce sont les lois naturellement existantes qui étayent tout

ce qui existe et qui agissent au travers de la pensée créée par tous les
esprits impliqués et avec leur coopération.

Il est également important de mentionner à nouveau l'élan qui
se rajoute quand plus d'un esprit s'accordent sur un concept de base
par rapport à un foyer désiré. Il est possible de « savoir » que le désir
pour un nouveau paradigme d'expérience sur lequel on s'accorde
peut constituer le foyer rassembleur. Il est possible qu'il contienne
une myriade de foyers individuels, chacun contribuant au succès et
à la réalisation de tous les autres, quand « le plus grand bien de tous
ceux qui sont concernés » est le facteur de libération de l'intention.
Le plus grand succès se produit quand la concentration est dirigée
vers le résultat et non pas vers le comment, pourquoi, quand et si
– toutes ces questions que l'esprit humain est si habile à soulever
pour alimenter sa réflexion. C'est cette contribution inutile qui « fait
cafouiller les travaux et bousille les rouages » du processus. Non
seulement cela ralentit le processus mais cela peut causer l'échec
ou pire que tout, cela peut produire une version tordue de ce qui
était potentiellement possible. Nous insistons donc une fois de plus
sur le fait que la discipline de se concentrer sur le résultat désiré est
d'une importance extrême pour permettre au processus des lois, une
fois mis en mouvement, de manifester ce qui servira le plus grand
nombre d'individus pour leur plus grand bien.

Vous aurez besoin de lire et de relire ce message pour vous
aider à garder présente à l'esprit la précision exigée pour jeter les
bases d'une application réussie des lois universelles de base (AILE).
Les habitudes de l'esprit indiscipliné sont profondément ancrées.
Cependant, la pratique accompagnée du succès et la simple répétition
des éléments essentiels autant de fois que l'on peut, permettront au
nouveau paradigme d'expérience désiré de s'installer. Le concept
holographique d'une matrice où tous et chacun trouvent leur place
et qui contient en elle-même une infinie variété peut tenir compte et
tiendra compte de la liberté dont le genre humain se languit de faire
l'expérience.

Chacun devra laisser ces concepts pénétrer son esprit et son
cœur afin qu'ils deviennent le nouveau « dieu » dont il a besoin pour
remplir son vide intérieur. De cette manière, l'humanité peut enfin
en venir à comprendre que tout être est une expression de l'Ordre
divin, Dieu qui se connaît lui-même/elle-même, le grand Tout en

auto contemplation. De plus, il est nécessaire de laisser tomber le besoin de « personnifier pour identifier » ce plus grand concept de Dieu et de l'accepter en tant que processus continu. Réfléchissez-y sérieusement.

Chapitre 32

Il est extrêmement important qu'il découle de tout ce scénario que l'humanité ait retrouvé son pouvoir. Ce pouvoir personnel ne peut venir de l'extérieur. C'est un travail intérieur que chaque personne doit accomplir d'elle-même. Cela ne veut pas dire qu'il n'y a pas d'aide disponible pour déclencher et assister. Ces messages en sont le parfait exemple, comme le sont les commentaires, les articles, les livres et tous les autres phénomènes déclencheurs qui sont disponibles pour provoquer l'éveil de tous et chacun. La surcharge médiatique disponible dirigée vers les Terriens sert autant à éveiller qu'à hypnotiser. Le renforcement doit être constant pour maintenir un couvercle sur la conscience. Cependant, le discernement soudain peut provoquer la dissolution de toute la programmation intelligemment installée par couches et la compréhension peut s'éveiller instantanément quand les déclencheurs adéquats sont activés. Une simple déclaration qui semble tout à fait logique au système nerveux/mental transmet une réalisation à la conscience et à ce moment-là, il y a un changement dans la capacité de recevoir une pensée qui jusque-là ne pouvait être perçue ou enregistrée. Ce processus est utilisé auprès des membres de « l'équipe au sol ».

L'équipe au sol se concentre sur le processus d'éveil de la conscience ainsi que sur l'éveil du désir fondamental d'un nouveau paradigme d'expérience qui vient en abandonnant l'expérience de la victime et en la transcendant pour aller vers l'acceptation de la responsabilité de changer l'expérience humaine sur cette planète. Tous ceux qui répondent à ce défi sont capables de le relever, sinon l'objectif n'en aurait intéressé aucun au départ. Les semeurs de graines d'idée sont de véritables envoyés du ciel. Réfléchissez avec soin à la signification de cette expression. Plusieurs expressions populaires parlent depuis longtemps à la conscience de chacun, si on les prend dans le contexte des temps nouveaux. Ces expressions auront désormais une grande signification et déclencheront des transformations de conscience à mesure qu'elles seront remarquées. (Exemples de proverbes populaires se rapportant à la Loi d'attraction : « Crache en l'air et ça te retombe sur le nez. » « On récolte ce qu'on sème. ») Le processus de l'éveil, une fois démarré, se poursuit. Comme une bonne histoire à intrigue, un indice mène à un autre, l'engagement va toujours en s'approfondissant et le synchronisme devient une façon de vivre. Des commentaires au passage, un mot, une histoire, une remarque aux nouvelles, etc., tout cela deviendra partie intégrante d'un contexte différent du précédent. Certaines amitiés signifieront davantage alors que d'autres perdront en importance à mesure que le centre d'intérêt changera.

Le travail, la concentration sur ce qui doit être fait, redéfinira vos pensées et votre disponibilité. Il se produira naturellement un réalignement sur ce qui est important et la vie personnelle recevra peu d'attention directe. Quand la concentration et l'intention se porteront sur le résultat qui vise « le plus grand bien de tous ceux qui sont concernés », ce résultat se manifestera de son plein accord. La solidité de la fondation établie dès le départ déterminera ce qu'il sera possible d'accomplir. Les déclarations d'intention simples, telles que « de l'aide pour tous les humains en devenir » ou « pour le plus grand bien de tous ceux qui sont concernés », établissent la fondation sur une base ferme et égale car elles portent le point focal au-delà de la cause personnelle tout en l'incluant. La globalisation de l'interaction et de l'activité chez les Terriens à ce moment-ci ne permet plus que le changement dont ils font l'expérience se limite à un pays, un continent ou un hémisphère. Il faut un développement de la conscience globale, à l'échelle planétaire, pour entreprendre et réussir la transcendance. Avant que pareil mouvement ne devienne possible, le changement n'était que fragmentaire et il était facilement saboté de l'intérieur aussi bien que de l'extérieur par l'intervention directe de ceux qui entendent maintenir leur contrôle.

Si nous observons les événements tels qu'ils se déroulent en mode linéaire, le timing semble démesurément important. Il est difficile pour les participants de voir et de comprendre le grand tableau d'ensemble, étant donné qu'un tel tableau se complète à mesure que des événements et des circonstances s'y rajoutent, sans toutefois se dérouler en mode séquentiel. Puisqu'ils ne peuvent comprendre tout ce qui s'intègre au tableau, ils doivent exercer une grande discipline du soi pour se concentrer intentionnellement et fermement sur le résultat désiré.

De plus, l'afflux croissant d'âmes nouvellement éveillées exige de ceux qui possèdent une plus grande compréhension de redéfinir constamment le but et l'intention. En retour, l'apport nouveau rafraîchit et renouvelle leur propre objet de concentration. Du point de vue du modèle énergétique, cela donne un plus grand dynamisme à la spirale d'évolution. La venue de consciences nouvellement éveillées et en plus grand nombre accélère la vitesse de cet important mouvement et permet une augmentation soutenue de l'énergie disponible qui compense la retombée inévitable de ceux qui n'ont pas la capacité de maintenir leur engagement. Nombre d'entre eux reviendront joindre les rangs actifs et viendront encore une fois ajouter à l'élan nécessaire. À mesure que le modèle focalisé se clarifiera et prendra de la vitesse, la conscience de masse planétaire en viendra à le percevoir et à sentir son magnétisme.

La plus grande difficulté apparaîtra lorsque le modèle commencera à se dégager, à être plus net et à tirer de l'énergie du côté sombre. Les membres de l'autre groupe ne questionnent absolument pas leur supposée supériorité ; donc, ils ne ressentent à peu près aucune inquiétude vis-à-vis des tentatives que font des groupes organisés pour changer l'avenir préconisé de la Terre et de sa population. C'est le manque d'organisation et l'emphase sur la transformation de l'individu et sa participation actuelle et continue qui permettront au mouvement de transcendance de prendre son élan et de donner au modèle la clarté nécessaire pour changer la synthèse de la conscience collective. Une fois ce point atteint, la méthodologie qu'ils utilisent pour contrôler de grands segments du mental des gens s'érodera rapidement, à condition de pouvoir maintenir cet élan.

En effet, il faut pouvoir traverser les points critiques une fois qu'on les atteint. C'est alors qu'en réponse à des demandes délibérées et focalisées, une aide extérieure pourra intercéder de manière subtile afin de vous assister lorsque vous passerez au travers de ces moments de crise. Votre prière « Aidez-nous à devenir » aura sa réponse. La pensée qui pense fournira exactement l'assistance nécessaire. Ce ne sera pas une intervention mais une assistance. Il y a une nuance très importante dans la signification de ces mots ; pensez-y et comprenez-là.

Il n'y aura aucune invasion en masse de vaisseaux spatiaux pour secourir l'humanité. Cela ne permettrait pas aux humains de découvrir leur propre solution au dilemme dans lequel ils sont actuellement empêtrés. En tout temps, l'humanité doit créer sa propre solution en vue d'écrire une nouvelle page de son destin. Il ne doit y avoir aucun malentendu sur cette question. La position de victime et la citoyenneté galactique sont des pôles d'expérience opposés qu'on doit comprendre pour choisir délibérément. Cela se fait par l'entremise de myriades de petites décisions et actions dont l'individu fait l'expérience sur une base journalière au cours de sa propre vie. Ces expériences forment alors leur propre modèle d'énergie qui devient le miroir de l'expérience plus vaste d'un groupe d'êtres humains intentionnellement focalisés. C'est de cette façon que se produiront les changements tellement désirés et pour lesquels les êtres humains en peine ont prié et supplié tout au long de cette longue et difficile période de leur histoire.

Chapitre 33

Nous entrons dans la période de chaos dont nous avons fait mention maintes fois au cours de ces messages. Le modèle d'existence tel qu'on l'a connu sur Terre depuis les derniers millénaires a commencé à se désagréger. Comme dans tous les cas de désintégration, certaines portions de l'énergie coagulée (manifestée) ne se dissolvent pas mais tendent plutôt à se briser par morceaux qui deviennent à leur tour destructeurs de la portion qui reste intacte. Pour comprendre cela, pensez à une énergie assemblée de manière à ressembler à un beau flocon de neige. Imaginez ce flocon fait d'une matière résistante qui s'égraine ; les morceaux volent dans toutes les directions, brisant sous l'impact d'autres sections du flocon. C'est une comparaison qui a du sens puisque toute la manifestation est constituée d'énergie solidifiée. Une fois que l'énergie s'est solidifiée, elle ne retourne pas à son point d'origine (lumière/pensée) sans être brisée de manière inverse à sa formation par le même processus créateur. Toutefois, cette tâche ne fait pas partie du travail assigné au personnel de l'équipe au sol. Le vaste tableau d'ensemble, qui englobe toute la Terre et ses habitants dans leur mouvement visant à transcender le futur que certains leur ont organisé, contient plusieurs foyers séparés qui participent à faire naître le nouveau paradigme d'expérience. Il est nécessaire de n'inclure que la compréhension de la partie du processus dont vous avez besoin et qui vous sera utile. Ce qui importe surtout, c'est que chaque segment de l'ensemble se concentre sur la portion correspondant à la tâche assignée dont il a convenu de s'acquitter.

Si tous sont curieux de connaître le grand tableau, par contre, il est impossible de l'expliquer. Souvenez-vous que si la « pensée pense », des nuances dans les changements peuvent causer des différences importantes dans les résultats. Vu que le libre arbitre est un composant majeur dans le processus de création et qu'il permet la diversité à l'intérieur de l'ensemble, la capacité de la pensée à penser à l'intérieur du tout devient alors le facteur médiateur dans le cadre des lois de l'univers en fonction. En d'autres termes, la « pensée qui pense » peut tenir compte de toutes les nuances de changement qui affectent la totalité et compenser pour certains effets que le mental fini ne peut d'aucune façon prendre en considération. C'est cette sagesse que la conscience en évolution s'efforce d'imiter. Les lois de l'univers sont totalement compatibles et coopératives. Lorsqu'elles sont invoquées et que l'intention et le but s'alignent avec elles, il n'y a jamais de désaccord ou de discussion, à savoir quoi, comment ou quelle est la méthode ou l'approche juste. Cela se fait simplement de la manière la plus avantageuse ! L'ego n'est pas impliqué, contrairement aux cas de processus de pensée moins évolués qui influencent les situations. La conscience en évolution recherche ces idéaux au cours de son progrès dimensionnel. À mesure que ces idéaux sont maîtrisés, chaque expérience de vie en progrès fournit des défis nouveaux et différents afin de les éprouver en sagesse.

Étant donné votre présence sur la Terre en ce moment, vous ne manquez pas et ne manquerez pas de défis. Les occasions abonderont d'éprouver en sagesse des expériences provocatrices. Ceux qui peuvent concentrer leur intention et leur objectif pour profiter de ces occasions en bénéficieront grandement. C'est une déclaration séduisante qui ne signifie pas grand chose pour le moment. Cependant, lorsque les autres passeront au mode panique, si vous pouvez garder la tête froide et les idées claires et écouter votre voix intérieure vous révéler ce que vous avez besoin de savoir, l'action décisive prévaudra à ce moment-là. Il s'agit de prendre une seconde ou deux pour écouter et sentir ce qu'il est approprié de faire. C'est un talent qui s'acquiert avec la pratique et cet entraînement peut se faire quotidiennement lorsque vous prenez vos décisions. On agit beaucoup par simple habitude. À mesure que la situation évolue, ces actions et réactions habituelles peuvent devenir inappropriées. Il est important de commencer à surveiller les pensées et les sensations, surtout celles qui reflètent l'appréhension et l'inquiétude. Il est temps de commencer à reprogrammer la conscience pour qu'elle devienne de plus en plus active dans les moments de décision immédiate. « Agir ou ne pas agir ? » C'est la question que chacun doit se poser à lui-même plutôt que de chercher l'opinion des autres. C'est extrêmement important. La pratique permettra d'établir un lien de confiance envers cette partie intérieure du moi qui sait, et de bâtir de l'assurance.

Le devenir qui vient avec l'engagement en tant que membre de l'équipe au sol exige une concentration d'intention et d'objectif. Il porte également avec lui l'avantage d'une connexion à un courant d'énergie volontairement aligné avec les lois universelles et le courant de pensée intelligente qui supporte l'expansion créative de la pensée dans la matière. Cette connexion présente un équilibre entre la prise de responsabilité d'une part et le gain de compensation d'autre part ; cette compensation est directement proportionnelle à la contribution. Une participation irréfléchie qui risque de compromettre le résultat n'est pas récompensée. Donc, les participants se doivent de développer leur capacité de sentir quels mots ou quelles actions sont appropriés. C'est la conscience individuelle et sa transformation via une intention dédiée et un objectif de créer le nouveau paradigme d'expérience désiré qui accompliront le gros du travail. Il s'agit de se concentrer sur le résultat projeté, « sachant » que le résultat désiré peut se manifester quand les participants sont en harmonie avec les lois et qu'ils désirent vraiment « le plus grand bien de toute l'humanité sur Terre ».

Lorsque l'influence de cette intention focalisée de changer le destin planifié du genre humain commencera à affecter circonstances et situations, l'équipe adverse utilisera sa méthode habituelle de destruction, celle d'infiltrer l'organisation et de la détruire de l'intérieur. Ça, vous pouvez y compter ! Cependant, il n'y aura aucune organisation à détruire. Sans aucun doute, ils s'assureront de soustraire certains individus de la scène. Par contre, il y aura peu ou pas de preuves indiquant quels individus sont responsables du changement qui se passe. La seule connexion possible se fera d'une personne à l'autre, de manière individuelle, une fois que les déclencheurs auront modifié la façon de penser de ceux qui participent. Ainsi, le changement de conscience continuera à se propager avec ses résultats inévitables.

Donc, l'intention visant à structurer le changement dans la conscience individuelle sert un double objectif. Elle augmente les chances d'une évolution individuelle et elle fournit le véhicule pour l'avancement et la transcendance de la totalité planétaire sans que les vies et les santés soient menacées comme ce serait le cas avec les scénarios habituels de rébellion qu'on a vu se dérouler à répétitions, avec finalement peu ou pas de résultats. Les avantages sont nombreux, et la plupart sont encore au-delà de la compréhension de l'esprit humain limité. Cela changera aussi. Avec l'acceptation de la responsabilité individuelle et planétaire, le cerveau/mental s'activera à un degré de plus en plus haut.

Bien que les contrôleurs aient délibérément imposé une limitation de la capacité mentale, c'est tout de même l'attitude de victime qui a maintenu leur programmation en place. Cette attitude était à son tour tenue en place par le désir d'être secouru par une source située à l'extérieur du soi et de l'humanité dans son ensemble. Cela explique encore davantage pour quelles raisons les contrôleurs utilisent les médias pour vous offrir un flot constant de victimes en situation et la programmation religieuse hebdomadaire pour accentuer le besoin de réclamer une aide extérieure pour tous les domaines de la vie et pour vous rappeler qu'il vous faut soumettre votre vie à une plus grande sagesse extérieure. Tout cela est soigneusement coordonné pour garder l'attitude de victime fermement ancrée dans la conscience collective. Notre objectif est de transformer la conscience collective pour qu'elle embrasse la responsabilité personnelle et planétaire qui lui appartient !

Chapitre 34

L'éducation est une bénédiction. Mais la prolifération de l'information diffusée et imprimée présente un problème pour les citoyens ; il leur faut savoir discerner entre ce qui a de la valeur et ce qui est implanté pour délibérément tromper et désinformer. Ici, il faut comprendre que vous devez passer toute l'information au crible pour déterminer ce qui est approprié et vrai. Chacun a son guide intérieur personnel. Tous ont la capacité de se brancher sur cette sagesse intérieure, bien qu'elle soit en état de latence chez la plupart des gens. Les leçons d'apprentissage visant à discerner ce qui est approprié de ce qui ne l'est pas abondent et elles sont frustrantes. En général, elles se présentent comme une série d'essais et d'erreurs, accompagnées d'une difficulté à se représenter leur utilité. Une fois le concept du discernement compris, il faut apprendre à l'utiliser et cela nécessite bien des tentatives. À la longue, il devient un outil utile qui aide à éprouver la connaissance en sagesse.

Le discernement est un outil qui remplace ce qu'on appelle le jugement. L'individu qui le pratique peut alors laisser tomber la dévalorisation de soi qui provient du jugement que l'on passe sur soi-même ou sur les autres et qui établit le bien et le mal. Le discernement est un processus interne qui élimine le besoin de rechercher à l'extérieur de soi-même la cause des expériences apparemment difficiles qui bouleversent la vie humaine. Le dictionnaire propose « intelligence pénétrante » comme synonyme approprié. Il peut être appliqué de manière prospective – sonder sérieusement ses sensations intérieures avant d'entreprendre une expérience est une sage pratique – et de manière rétrospective – comprendre après coup quelle leçon peut être glanée d'une expérience qui se passe ou qui s'est passée. Une même leçon se répètera vraisemblablement jusqu'à ce qu'elle ait livré son message, c'est-à-dire jusqu'à ce que l'individu utilise le discernement pour comprendre ou réaliser ce que renferme ou renfermait la leçon offerte.

La pratique du discernement fait partie de l'application de la Loi du laisser-être. Pour réfléchir à l'à-propos d'une entreprise avant, pendant ou après l'action, il faut mettre de côté les émotions impliquées dans l'expérience pour pouvoir considérer la logique. La réflexion peut se poursuivre longtemps avant que la leçon ne soit comprise en entier. Même une compréhension et une réalisation partielles de la raison d'être de l'expérience dans l'ensemble de l'expérience de vie permettent à une plus grande connaissance de devenir sagesse. La sagesse permet à son tour à l'individu d'appliquer ce qu'il vient d'apprendre et de modifier son modèle d'expression pour inclure des possibilités différentes.

Pour bien saisir une situation et ses circonstances, il faut lâcher prise, ce qui donne à l'esprit la latitude nécessaire pour réfléchir aux possibilités du qui, quoi, pourquoi et comment de l'ensemble. Une ouverture d'esprit considérable permet d'échafauder tous les scénarios possibles. Ainsi, on peut distinguer clairement les expressions les plus logiques. La liberté accordée à l'esprit lui permet également d'accéder à la sagesse intérieure disponible qui présentera les solutions dont l'individu a besoin. Chaque être humain possède en lui-même une réserve de sagesse dans laquelle il peut puiser en pratiquant le discernement. Toutefois, il doit être animé du désir d'extirper son expérience personnelle du marais journalier de la répétition insignifiante, du jugement et du blâme.

Pour se défaire de l'attitude de victime, l'individu doit être disposé à modifier sa perception de la vie ; plutôt que de rechercher à l'extérieur de lui-même ce qui cause les situations et circonstances qui meublent sa vie, il doit rechercher à l'intérieur de lui-même le pattern qui a provoqué ce que la Loi d'attraction a manifesté. Il trouvera les causes parmi ses attitudes, ses opinions et ses conversations intérieures. Le mental est constamment en train de bavarder. Il découvrira dans ces conversations intérieures les clefs de bien des patterns de pensée et de comportement qui créent les situations et les circonstances dont il fait l'expérience. Transformer ces patterns qui ont servi à créer son modèle de vie n'est pas une mince tâche, mais savoir que le discernement (l'intelligence pénétrante) en est le point de départ donne un bon élan. Les choses n'arrivent pas comme ça pour qui que ce soit. C'est la Loi d'attraction qui les invite par magnétisme, car les semblables s'attirent. Une attitude de victime attire non seulement des compagnons victimes dans la vie d'une personne mais aussi des personnes abusives qui lui fourniront l'expérience de victime. À mesure que cette personne accepte le fait que la cause des problèmes provient de son propre pattern d'expérience dont elle est responsable et qu'elle est disposée à accepter cette idée, alors la pratique du discernement devient possible.

L'individu qui pratique le discernement trouvera nécessaire d'évaluer ses attitudes et ses opinions à l'aide de la logique. Sont-elles préjudiciables ? Blâment-elles les autres ? Le soi trouve-t-il toujours des raisons pour esquiver sa responsabilité face à ce qui se passe dans l'expérience de vie ? Si tel est le cas, c'est que la dénégation de la responsabilité personnelle bloque tout progrès et qu'elle tient le cycle victime/abuseur en place. Jusqu'à ce que l'individu observe sa situation avec logique et qu'il devienne conscient du modèle de comportement victime/abuseur qui l'habite, ce même modèle continuera de faire partie de son expérience. Il faut désirer changer ces facteurs de contrôle, observer ce que l'on pense et écouter ce que l'on dit et changer volontairement le modèle de base. Il faudra du temps et des corrections appropriées avant de voir apparaître des changements dans le modèle d'expérience. Cependant, si la personne demeure centrée sur l'intention et l'objectif et qu'elle modifie sa pensée et son vocabulaire, le modèle devra changer. Des déclarations teintées de défaitisme peuvent être reformulées pour refléter du positif, ce qui évidemment modifiera leur charge. Autrement dit, les pensées peuvent être « repensées ».

Si le contenu de ce message est simple, il y a peu de lecteurs, s'il en est, qui ne pourront trouver une occasion d'appliquer ces idées à leur expérience de vie quotidienne. La pratique du discernement est continuelle au travers des nombreux niveaux d'expérience. Observer les attitudes, opinions, déclarations et pensées intérieures révèle souvent des causes intéressantes et des solutions applicables. Nous encourageons chacun de vous à appliquer ces suggestions de manière constante.

Le discernement est utilisé également pour déterminer quelle information est vraie. Une sage pratique consiste à faire usage de discernement en déclarant mentalement que l'on désire discerner la vérité avant d'entendre, de visionner ou de lire quelque chose. De cette manière, le mental élimine du contenu ce qui n'est pas vrai et retient ce qui est vrai, s'il en est. Ce qui est vrai pour quelqu'un n'est pas toujours vrai pour quelqu'un d'autre. Chaque modèle d'expérience établit une capacité différente de glaner ce qui lui convient de savoir. Nous vous encourageons à utiliser cette technique lorsque vous lisez ces messages.

Chapitre 35

Le chaos ira en grandissant, à mesure que la séquence des

événements paraîtra s'accélérer et que le temps semblera passer plus vite. Chaque individu fera l'expérience de sa propre série d'événements qui ne sont qu'une petite portion de l'image globale. Les médias contrôlés ne rapporteront que certains segments du véritable tableau. Quand on observe le mouvement à l'échelle planétaire, on constate que le degré de chaos actuellement présent est beaucoup plus élevé que ce que l'humanité en perçoit. Ceux qui habitent encore des zones de calme ont un système de référence limité qui ne leur permet pas vraiment de partager l'expérience de ceux qui vivent au milieu de la guerre ou des phénomènes géologiques et météorologiques. Bien qu'il y ait une plus grande conscience globale, les véritables échanges portant sur le traumatisme que vivent les différents groupes sont rares. Cela ne servirait pas l'intégrité planétaire que tous les Terriens fassent l'expérience du traumatisme en même temps que ceux qui le vivent dans les régions affligées. Ceux qui paraissent non impliqués servent à maintenir l'équilibre de la planète alors que le chaos se manifeste quelque part ailleurs. Il se fait un équilibrage.

Les intéressés ont planifié d'accentuer le chaos afin de détruire cet équilibre. Le plan visant à briser délibérément l'équilibre en augmentant le chaos au-delà de la capacité de la planète à maintenir son aplomb est basé sur la théorie qu'une fois que le déséquilibre aura atteint un certain degré, cela pourra faire basculer la planète dans une vibration négative qui la rendra inaccessible à l'énergie positive. En d'autres termes, les êtres qui se nourrissent d'énergies négatives deviendraient à ce moment-là complètement propriétaires de la planète et cette dernière deviendrait inaccessible à ceux dont les énergies sont positives ou proprement équilibrées.

Pour y arriver, ils pensent qu'il est nécessaire d'abaisser les champs vibratoires des habitants jusqu'au point où seuls de rares individus pourront survivre quand la conversion à l'énergie négative pure aura été complétée. Ils ont planifié l'installation d'énormes convertisseurs d'énergie afin de bombarder l'ionosphère. Ils testent ces convertisseurs mais déguisent leurs manœuvres pour faire croire à autre chose. En fait, ils « protègent » la planète contre les foyers positifs et aux yeux des planificateurs, c'est exactement ce qui se passe.

Il reste à savoir si la théorie sur laquelle tout cela repose est vraie. Le changement de polarité qu'ils désirent se produira-t-il ?

Si oui, quelles implications accompagneront le résultat ? Quand un changement se produit dans le cadre des lois de l'univers, le principe de la « pensée qui pense » peut et doit considérer toutes les possibilités et les probabilités et en arriver à une conclusion sur la faisabilité. Tenter de provoquer un changement sans utiliser cet aspect de la sagesse présente un danger inhérent : des facteurs inconnus risquent d'être négligés. Il est alors possible que le résultat soit instable à un certain point du processus. Cette situation nous amène à considérer ce qui suit : jusqu'où peut-on permettre au libre arbitre d'opérer si son utilisation menace de dangers des segments entiers de la Création ?

Le libre arbitre est inviolable dans l'expérience individuelle. Cependant, quand la « volonté » est concentrée sur un scénario qui vise non seulement à priver la conscience en évolution de son libre choix mais à le faire disparaître et que l'agression va jusqu'à détruire l'énergie de l'âme qui est à la base de l'expression de la vie, alors la situation exige une réponse adéquate, suite à une réflexion sérieuse. Il ne s'agit pas simplement d'être pour ou contre la continuation de l'expérience. La situation requiert non seulement de la réflexion et des prises de décision, mais elle requiert également que des foyers intelligents prennent les décisions. Qui sont-ils ? Rassembler un consortium d'êtres qualifiés et puissants qui consentent à s'impliquer dans une telle situation crée un dilemme considérable car servir en cette qualité met leur évolution personnelle à risque. Mais l'évolution est en réalité une participation croissante dans la responsabilité. Ce n'est pas un mouvement vers une existence utopique de participation ou de responsabilités amoindries. De même que la maturation dans l'expérience terrestre mène naturellement à une plus grande participation et à davantage de responsabilités, il en est de même pour l'évolution dans les plus hauts royaumes dimensionnels.

Une grande recherche de « talents » fut initiée pour trouver un groupe cohésif qui accepterait de considérer le dilemme que présente la situation sur cette petite planète. Dire que la recherche s'est effectuée dans bon nombre de réalités manifestées est un euphémisme. Les intérêts investis dans le futur de cette planète sont variés, bien établis et intensément déterminés. Mais la volonté de la population terrienne doit être impliquée à la base de toute solution ; cela est irréfutable. Il va sans dire que ceux qui voudraient maintenir leur contrôle sur la

planète font tous les efforts possibles afin de s'assurer que les habitants
« décident » que le changement n'est pas désirable. C'est pourquoi
ils ont produit tant de moyens et d'appareils de communications à
la disposition de la population et qu'ils les utilisent pour entretenir
l'attitude de victime. Les fondations de l'attitude de victime ont été
soigneusement coulées dans le dogme religieux dès le départ. Cela
a permis de contrôler le progrès du genre humain et d'intervenir non
seulement dans la découverte des qualités « divines » inhérentes
à chacun et l'accès à la compréhension et à l'application des lois
universelles mais également dans la compréhension et la capacité
à entrer en rapport avec « l'esprit créateur » disponible dans le flot
d'énergie indifférenciée à la base de toute la Création.

C'est la conscience collective de l'humanité qui détient la
clef d'entrée des foyers de sagesse rassemblés. À moins qu'il n'y
ait chez les Terriens un désir individuel et collectif de se libérer
de l'intervention extérieure oppressive présente sur cette planète
depuis des milliers d'années et à moins qu'ils ne se concentrent sur
cette situation pour y mettre fin, la situation ne peut pas changer et
elle ne changera pas. La seule aide possible qui puisse vous être
apportée pour le moment est celle de concentrer des énergies dans
les domaines disponibles de la pensée qui entourent la planète, dans
l'espoir que les individus accepteront ces suggestions subtiles qui
visent à rehausser les désirs déjà présents de produire un changement
dans la pensée collective du genre humain dans son ensemble. C'est
comme des gouttes dans un océan de misère. Mais conformément au
principe du libre arbitre, il n'y a rien d'autre à faire.

Les vaisseaux spatiaux qui circulent au-dessus de vos têtes
– vous les appelez les visiteurs extraterrestres – appartiennent à
différents groupes. Certains appartiennent aux groupes négatifs,
d'autres sont d'origine terrestre. Mais de plus en plus de vaisseaux
d'énergie bienfaisante et de designs d'énergie visibles imprimés sur
la surface de la planète (les agroglyphes) font leur apparition. Nous
espérons qu'ils stimuleront la curiosité et déclencheront l'éveil chez
quelques-uns des volontaires qui risquent maintenant leur niveau
d'évolution au service de leurs compagnons humains. Les individus
qui répondent au plan de transformation reçoivent ces messages et
les font circuler. Ceux qui en entendent parler, qui les lisent et qui y
répondent se trouvent à s'harmoniser avec l'énergie galactique qui

est consciente de votre situation ; le désir d'aider est généreusement répandu dans l'atmosphère autour de votre monde.

Des charges électriques, implantées de force dans les champs énergétiques qui encerclent la Terre, tentent de bloquer tout ce support positif offert à la planète et à ses habitants. Heureusement, la « pensée qui pense » soutient avec intelligence tous les efforts qui sont en harmonie avec les lois de l'univers ; elle trouve des chemins pour circonvenir les plans involutifs. Si on peut arriver à déclencher chez les êtres humains un désir de liberté, en dépit des plans pour bloquer toute assistance, les lois universelles pourront et viendront les supporter. Cependant, ils doivent se concentrer sur ce qu'ils désirent plutôt que sur la vengeance et le recours à de vieilles méthodes qui, de tous temps, ne leur ont jamais apporté la manifestation de leur désir de changement. En d'autres termes, l'objet de leur concentration ne doit pas ressembler à ce qu'ils désirent laisser derrière eux.

Les humains qui veulent faire l'expérience de l'occasion d'évoluer en toute liberté, délivrés de l'oppression, doivent se concentrer sur ce qu'ils désirent et laisser tomber les expériences du passé. Ces expériences les ont amenés à répéter sans cesse les comportements qu'ils avaient appris et reçus de leurs oppresseurs et à tourner en rond. Les humains partagent le sang et l'ADN des oppresseurs. Il reste à savoir s'il y a suffisamment d'êtres humains sur cette planète qui ont évolué au-delà de ces aberrations génétiques qui ne servent pas à leur avancement. Peuvent-ils se concentrer sur leur désir de libération du modèle de vie tel qu'ils le connaissent et le transcender pour créer un nouveau paradigme d'expérience ? Peuvent-ils éprouver maintenant ces expériences en sagesse ?

Chapitre 36

Tout être qui s'incarne sur cette planète le fait avec l'intention explicite d'éprouver toutes ses expériences en sagesse, non seulement pour lui-même mais également pour la totalité planétaire. S'il semble difficile d'absorber l'idée que chaque expression individuelle de vie constitue une bénédiction pour l'entité que forment la planète et ses habitants, c'est pourtant bien le cas. Chacun a l'occasion de focaliser son expérience de vie « pour le plus grand bien de tous les intéressés ». Cette inclusion a une très longue portée, surtout lorsque l'intention est jumelée à l'application harmonieuse des lois universelles ; la contribution à la conscience planétaire est alors d'une importance considérable. Cette contribution n'a pas besoin de s'habiller de célébrité ou de richesse. La plupart du temps, les plus grandes contributions se font dans l'obscurité, et souvent sans que les personnes qui les font n'en soient conscientes. Ces individus expérimentent simplement la vie comme étant un séjour agréable et harmonieux. Ils sont souvent identifiés à titre de « vieilles âmes », un terme appliqué à ceux qui semblent créer pour eux-mêmes une expérience de simplicité et de contentement. Aucune reconnaissance ne leur est offerte pour avoir accompli quelque chose en particulier ; cependant, d'un point de vue plus vaste, leurs contributions sont un facteur équilibrant majeur.

Cela n'enlève rien à ceux qui se placent au premier rang des activités et qui contribuent grandement à faire ressortir non seulement ce qui est très « bon » mais aussi ce qui est très « mauvais ». Il est difficile de considérer que ceux qui focalisent le mal et qui le font apparaître à la surface servent la totalité planétaire. Disons qu'ils attirent vers eux le mal présent dans la conscience collective, comme un furoncle attire l'infection présente dans un corps jusqu'au point de crise ; et alors, soit qu'il éclate, soit qu'il soit incisé et enlevé pour faire place à la guérison. Les humains ont tendance à juger et à blâmer les individus et les situations ; ils observent de leur point de vue individuel plutôt que du point de vue de la planète dans son ensemble. Chacun a sa raison particulière de se réincarner et d'attirer dans son expérience ce dont il a besoin pour compléter le but de sa vie via la Loi d'attraction. Tel que mentionné précédemment, chaque vie constitue une contribution à une plus grande totalité éprouvée en sagesse. Il existe un hologramme d'expériences et il exige que divers segments d'expérience soient achevés pour pouvoir faire l'expérience de l'intégrité.

Par conséquent, il est imprudent que des individus décident de ce qui est bon ou mauvais, relativement au comportement des autres et à leur manière de vivre. Chacun doit s'efforcer d'accomplir ce qui lui paraît important à ce moment-là et d'écouter le guide intérieur disponible. Il est difficile de passer à l'action dans un environnement de contrainte à tous les niveaux et couvrant toutes les périodes d'expérience. Heureusement, il y a ceux qui entendent et/ou sentent fortement ce qui leur convient et qui avancent constamment vers leurs buts inconnus. Aussi frustrant que cela soit, une des exigences relatives à l'incarnation d'une personne est que ses buts soient effacés de sa mémoire ou éloignés de sa conscience par l'influence parentale, religieuse et/ou gouvernementale qui l'entoure, et ce de sa naissance jusqu'à sa mort.

À mesure que l'individu traverse les différentes étapes de sa vie, il lui est impossible de savoir s'il a réussi ou s'il a failli, relativement au but qu'il devait atteindre. Chacun doit suivre son guide intérieur et persister. Une vie remplie de synchronismes, qui répond aux urgences intérieures d'entreprendre ce qui semble être des actions appropriées qui paraissent rejoindre les buts désirés, est peut être un signe que l'individu est bien sur la bonne « voie ». C'est particulièrement vrai quand le but ultime vise « le plus grand bien de tous les intéressés » ou en d'autres mots, « la création d'une situation où tous les participants gagnent et de toutes les manières possibles ». La mesure d'une vie, c'est l'intention et une intention éthique met les deux premières lois universelles en mouvement.

Si « l'éthique » est une condition préalable, alors pourquoi le mal semble-t-il réussir ? Parce que les lois fonctionnent sans égard à qui les emploie. C'est le résultat qui est mesuré par l'intention éthique du « plus grand bien de tous les intéressés ». Un processus de manifestation intentionnel contraire au « bien de tous » finit par atteindre un point charnière où une instabilité inconnue détruit ce qui n'est pas harmonieux dans l'ensemble, car aucun esprit individuel n'est capable d'interpréter et de prévoir toutes les possibilités. Pour arriver à tenir un « mal » en manifestation au-delà du point normal de destruction, ce dernier doit être soutenu par une concentration intentionnelle claire et constante en termes de durée. Les lois universelles sont habituellement connues. Le fait que vous les ignoriez est anormal. Par conséquent, ceux qui comptent garder leur emprise coloniale sur la Terre connaissent les lois et comprennent bien leur application. Mais ils ont dénié aux Terriens le droit de les connaître et de les comprendre afin qu'ils ne puissent pas les utiliser pour s'aider eux-mêmes à se libérer du plan qui perpétue leur esclavage. Les êtres humains qui réclament la libération des habitants de la Terre peuvent maintenant saisir pourquoi la connaissance de ces lois importantes est une condition préalable à toute action.

Depuis le début, ces messages ont mené les lecteurs vers l'acceptation de la Vérité qu'ils contiennent. Il était nécessaire de bâtir lentement et soigneusement une fondation de compréhension qui irait au-delà du blâme au regard de la condition dans laquelle l'humanité se trouve. Il importe que les êtres humains se tiennent responsables du fait qu'ils ont permis qu'on les dupe et qu'on les trompe durant des milliers d'années pour servir d'esclaves et de jouets aux mains de ceux qui les contrôlaient. Le plan servant à les maintenir dans cette condition déplorable fut développé et appliqué avec soin depuis que l'homme a pu commencer à s'autogouverner. Les souverains et leaders humains étaient et sont contrôlés avec soin ; il n'y a aucun doute là-dessus. Les vrais contrôleurs, cachés derrière le rideau de scène, ont programmé chez les humains une foi aveugle, renforcée par des punitions cruelles en cas de désobéissance infligées par un « dieu d'amour », pour déguiser leur influence. Le paradoxe de cet article de foi a gardé l'espèce humaine dans une agitation constante et exactement là où les contrôleurs voulaient la garder. Nous attendons patiemment et nous espérons que les êtres humains évolués percevront cette ruse et déclareront entre eux leur intention de mettre fin à cette pratique une fois pour toutes. C'est la clef de tout l'espoir de créer un nouveau paradigme d'expérience.

Chapitre 37

Les membres de l'équipe au sol doivent essentiellement comprendre que leur engagement consiste à assister les Terriens, à les inciter à profiter de leur aide et de l'occasion que constitue l'achèvement des divers cycles qui atteindront bientôt leur point culminant. Au-delà de tout cela, les choses suivront leur cours et ce qui en résultera doit être accepté comme tel. En effet, les membres de l'équipe au sol qui participent couleront ou nageront avec la population humaine sur la planète. Cependant, au cours de vies subséquentes, ils feront l'expérience des récompenses qui découlent de ce travail, advenant que l'effort de libérer cette planète et ses habitants ne produise pas les résultats escomptés. Les membres de l'équipe qui ne répondent pas à l'appel pour compléter leur mission partageront le destin de la population. Ils connaissaient ce risque dès le départ. Le degré de participation du membre détermine l'occasion qui sera mis à sa disposition. Nous ne voulons en aucun cas que cela soit perçu comme une menace ; c'est plutôt un encouragement à sonder votre conscience à fond pour saisir la validité des messages et pour « sentir » la réponse appropriée. La participation à cette phase du plan n'est pas appropriée pour chaque être humain. Devenir conscient qu'il existe un plan qui peut mener vers la liberté d'évoluer peut amener ceux qui ne s'intègrent pas parfaitement dans ce foyer particulier à rechercher diligemment la place qui leur convient dans l'effort de mise au monde du nouveau paradigme.

L'humanité se tient au seuil d'une opportunité ou au bord d'un désastre. Ce sont des mots durs, directs, mais ce n'est pas à l'avantage de cette planète que nous mâchions nos mots et que nous restions discrets. Le processus se poursuit d'après les plans des deux camps et un point de convergence apparaît indistinctement dans un avenir rapproché, selon votre ordre séquentiel. Ceux qui savent doivent concentrer et diriger leur intention de participer et impliquer autant de gens que possible dans leur foyer d'intention. Demain n'est pas assez tôt pour commencer.

Vous espérez que ce que vous connaissez et expérimentez se perpétuera dans un format plutôt familier. Cela n'est pas la naissance d'un nouveau paradigme. Atlantis, qu'elle soit mythe ou réalité, en est un bon exemple. L'histoire connue est celle d'un continent qui abritait une civilisation très avancée avec une communauté scientifique bien développée et une très forte prêtrise religieuse qui contrôlait le développement de toutes les phases de la civilisation. Bien qu'il y ait eu des survivants, la plupart d'entre eux furent réduits au statut d'homme des cavernes car leurs outils de progrès disparurent sous la mer. Les histoires relatives à cette civilisation prirent une qualité mythologique en dedans d'une génération. Des milliers d'années plus tard, qu'existe-t-il maintenant par comparaison ? Encore une communauté scientifique bien développée qui est contrôlée par derrière par des fraternités religieuses et soi-disant « ésotériques ». Et derrière ces dernières, on retrouve en réalité les vrais contrôleurs extraterrestres qui s'assurent que leur colonie reste sous leur contrôle. Mais le fait qu'ils réduisent le genre humain à l'extrême pauvreté physique et religieuse ne leur a tout de même pas permis de maintenir pour toujours le destin d'esclave qu'ils vous avaient choisi.

Les Terriens sont enfermés dans un cycle répétitif de progrès apparent suivi d'un retour à la pauvreté du corps, du mental et de l'esprit. Et rien de tout cela ne changera à moins qu'une portion concentrée de la population ne soit disposée à endosser la responsabilité de changer cette programmation à partir d'une intention délibérée. La question séculaire à savoir « pourquoi Dieu permet-il tout cela s'il aime vraiment ses créatures ? » revient constamment à l'esprit des humains. La réponse est toujours la même : le libre arbitre ! Si des êtres conscients choisissent l'attitude de victime, la Loi d'attraction leur fournira des compagnons victimes et des personnes abusives pour maintenir l'expérience. Un fort désir de passer au travers de l'expérience de la victime – d'en faire l'expérience afin de la traduire en sagesse – dans l'intention de créer un nouveau paradigme d'expérience pour la totalité du genre humain et de la planète doit absolument vous habiter. Cela doit être votre pensée principale, tenue à l'avant-plan, tout au long du processus. Est-ce que cela sauvera la planète et toutes les unités humaines conscientes qui y vivent ? Seulement celles qui sont disposées à participer. Qui seront-elles ? Cela se décidera dans la matrice de l'âme de chaque individu.

Le fait de participer à l'expérience de la vie au 3e niveau dimensionnel vous empêche de comprendre l'activité de création qui se passe dans les dimensions d'expérience plus hautes. Ce sont pourtant ces dimensions plus hautes qui sous-tendent ou soutiennent les activités des niveaux vibratoires d'existence au-dessous d'elles. C'est comme une pyramide où les énergies deviennent de plus en plus concentrées à mesure qu'elles se rapprochent du sommet. Ainsi, vous devez comprendre que l'expérience pyramidale est supportée par une pensé focalisée dont on peut comprendre qu'elle est sa contrepartie énergétique. Il y a donc deux structures. Ce qui est visible ou ce dont on a l'expérience est supporté par un format énergétique résultant d'une pensée focalisée et l'interaction de ces deux aspects est continuelle. Si la pensée devait se retirer, la portion manifestée cesserait d'exister. Chaque vie humaine est supportée par un foyer énergétique qui en maintient la forme. Chaque montagne et chaque grain de sable existent grâce à leur équivalent énergétique. Pour illustrer ce principe à partir d'une expérience de vie que vous connaissez, prenez une affaire ou une organisation. La pensée de ceux qui y participent maintient cette affaire ou organisation en existence. Si une telle pensée se retire, l'affaire ou l'organisation cesse d'exister.

Maintenir une création implique que certains facteurs soient présents dans le foyer d'attention et d'intention ; s'ils sont absents, la création échoue.

L'information que nous venons d'offrir peut s'appliquer à un message précédent qui suggérait de placer votre attention et votre intention dans l'application des lois universelles de base. La fonction de la « pensée qui pense » peut fournir et fournit les facteurs requis pour vraiment manifester le résultat désiré pour le plus grand bien de tous ceux qui sont concernés si le principe actif des lois est enclenché dans l'harmonie par une intention adéquate. Si cette intention est maintenue fermement au coeur et à l'esprit et qu'elle est en même temps libérée et autorisée à se manifester par l'action conjuguée des lois, le résultat sera assurément harmonieux.

Si l'information que contiennent nos messages est souvent répétitive, c'est qu'elle est offerte pour convaincre les lecteurs qu'ils n'ont plus à tourner en rond, qu'il y a une porte de sortie à ce cycle répétitif continuel et qu'elle s'ouvre sur une aventure différente. La vie qu'on embrasse complètement mène à des aventures merveilleuses.

Chapitre 38

Quand viendra le moment pour chaque individu de décider si ces messages lui sont destinés pour l'aider à entrevoir sa mission de vie sur cette planète, à cette époque-ci, le vide intérieur qui l'a habité jusqu'ici se trouvera comblé du fait de résonner avec le plus grand objectif présent. Chaque personne ressent le besoin de chercher et de trouver, jusqu'à ce qu'elle réussisse à identifier son objectif principal particulier, qu'elle le reconnaisse ou non. Cela l'amène à changer de lieu de résidence et de carrière, à visiter fréquemment diverses églises, à s'adonner à des activités communautaires et à pratiquer des sports. Souvent, cela nécessite une participation fervente qui ne satisfait même pas le sentiment de vide intérieur ; la personne poursuit donc ses efforts, espérant qu'elle finira par se sentir comblée en en remettant davantage.

Elle a été privée de la compréhension de la manière de communier avec les plus grands aspects de cette partie d'elle-même qui l'a focalisée dans cette expérience de vie. La littérature religieuse fait allusion à cet aspect mais avec peu de références significatives.

On enseigne la méditation, mais la surcharge d'informations venant des médias et le style de vie moderne stressant permettent rarement à la plupart des gens d'arriver au point où leur esprit peut se libérer lui-même pour atteindre une tranquillité qui lui permettra de communier avec l'aspect focaliseur. C'est comme si les cellules du cerveau étaient stimulées pour fonctionner dans un mode d'exploitation qui ne peut pas ralentir pour laisser reposer la conscience. Dans cet état de stimulation, les processus de la pensée ne fonctionnent pas normalement. L'individu ne comprend pas ni ne réfléchit vraiment à ce qu'il pense ; plutôt, il se contente de passer au travers des données. Cela s'appelle l'abrutissement des cerveaux des temps modernes.

On retrouve également des exemples de cette frénésie dans les styles de vie meublés d'occupations constantes, alors que les gens se dépêchent et passent sans cesse d'une tâche à une autre. Le bruit qu'on appelle la musique, la télévision, le cinéma ou les vidéos meublent les moments de relaxation. L'alcool, le sexe, les drogues ou les goûters tardifs sont utilisés pour induire le sommeil, épuisant du même coup les fonctions du corps. Il est rare, même du côté des personnes âgées, que les gens s'assoient simplement pour jouir des moments tranquilles, pour admirer un coucher de soleil, pour goûter à la joie d'être vivants ou pour compter leurs bénédictions. On s'affaire savamment jusqu'à ce que la maladie ou l'infirmité obligent à ralentir.

Nous voulons en venir au fait que ceux qui choisissent de participer à cette concentration sur l'intention spécifique de créer un nouveau paradigme d'expérience doivent nécessairement réaligner leurs priorités. Pour créer quelque chose de nouveau, il faut en arriver à se couper finalement du vieux. Cela ne veut pas dire que vous devez tout laisser tomber mais que l'importance de ces activités doit diminuer à vos yeux. La conscience doit pouvoir compter sur ses moments de tranquillité pour arriver à percevoir ce qui est nouveau. Vos priorités doivent changer de manière à ce que vous participiez moins souvent à des activités sans signification et que vous vous permettiez des choix qui laissent place à une plus grande paix. La tranquillité doit être redéfinie ; elle doit passer d'une impression d'ennui à un sentiment de paix.

C'est tout un défi que de vivre à proximité du bruit urbain, des ondes remplies de vibrations invisibles mais très présentes et dans un environnement bourré de stimuli visuels. La lumière artificielle empêche d'observer le crépuscule et la nuit étoilée et d'en jouir. La campagne environnante est elle aussi éclairée artificiellement. On travaille de nuit comme de jour. Certaines régions de la planète elle-même sont en activité constante, ce qui affaiblit encore plus son intégrité. Est-ce prémédité ? Bien sûr, car cela abîme la connexion entre l'humanité et la planète qui la nourrit et empêche l'humanité de lui retourner la délicatesse. L'humanité en général est emportée par la folie de s'approprier et comprend très peu la nécessité d'un courant d'énergie qui retourne vers la planète sous forme d'appréciation, en honorant les vivres qui maintiennent la vie.

Alors, comment ceux qui acceptent ce changement de cap trouvent-ils l'équilibre et l'harmonie avec tout l'ensemble afin que leur présence soit un ajout de qualité dans le champ énergétique de la transition obligatoire ? En appliquant les lois universelles dans leur propre expérience. Cela peut se faire par l'intention et l'attention portée aux choix à faire pour incorporer autant de moments paisibles que possible dans le quotidien. La Loi d'attraction travaille si l'attention et l'intention sont claires. Libérez-vous des activités frénétiques ; même un court moment tranquille peut avoir un effet enracinant et apaisant. La prière positive qui centre sur la gratitude et bénit les autres et soi-même, plutôt que de focaliser sur ce qui paraît manquer dans la vie, transformera l'expérience. Personnifier celui/celle qu'on remercie est encore un comportement ancien. « Le pouvoir qui est » est une identification suffisante. Ce qui importe, c'est la reconnaissance du cœur, le sentiment. Une personne ne peut créer une expérience plus abondante si elle n'apprécie pas ce qu'elle a déjà dans son expérience en cours. Le geste d'honorer ce qui existe invoque la Loi d'attraction.

Il est donc important de trouver des attributs positifs à l'expérience courante pour l'apprécier et l'honorer même lorsqu'on désire un nouveau paradigme d'expérience. C'est le paradoxe que l'on retrouve dans toute la Création. Pour faire l'expérience de quelque chose de nouveau, il est nécessaire d'honorer des aspects de ce qui existe au moment présent car c'est la pierre de gué sur laquelle on se tient pour créer la prochaine pierre et continuer de progresser. On peut honorer une chose sans pour cela devoir la transposer dans la prochaine phase. Nous voulons signaler à nouveau que le coeur reconnaissant reflète un aspect sentimental qui résonne avec la Loi d'attraction et cette dernière magnétise encore davantage dans l'expérience de cette énergie qui invite la reconnaissance. C'est ainsi que cela fonctionne.

Chapitre 39

Étant donné que les événements se précipitent, le moment est venu pour ceux qui se sont engagés à transformer l'expérience humaine sur cette planète de focaliser sérieusement sur l'idée de la réalisation du nouveau paradigme. Ce paradigme doit d'abord devenir palpable au niveau de la pensée de ceux qui y rêvent s'il doit se concrétiser dans la réalité de l'expérience. Il s'agit de faire un tour de magie et de sortir le lapin du chapeau. L'événement dont nous parlons exige une intention résolue et soutenue « derrière la scène » et pas mal de pratique à focaliser sur ce désir pour le voir apparaître. L'événement lui-même est la manifestation de l'intention qui le précède. Aux yeux des observateurs, c'est un événement magique. Mais pour le magicien, c'est une question de pratique à se concentrer, tout en soutenant l'intention de mystifier et de surprendre. Il en est ainsi pour la mise au monde du nouveau paradigme d'expérience. Le nouveau paradigme émanera d'un désir de la base, du peuple, qui veut en finir avec l'esclavage. La personne « ordinaire » a l'air d'être complaisante et ignorante de ce qui se passe ; cependant, elle sent que « les choses ne sont pas tout à fait correctes ». De cet état d'esprit jaillit un savoir qui envoie un signal d'équilibre et d'harmonie dans l'expérience planétaire. Ce signal télépathique sert de plate-forme à la création du nouveau paradigme. C'est sur cette importante fondation que ceux qui lisent ces messages et s'identifient avec leur contenu peuvent bâtir le rêve et imaginer la structure qui commencera à manifester les nouvelles expériences désirées dans la réalité visible.

Le manque d'organisation est la clef de la survie de ce projet. Il n'y a rien à infiltrer et rien de substantiel qui paraisse supporter l'existence d'un tel projet. Mais il existe ! Il existe dans la pensée d'un nombre croissant d'individus et il répond à bien des prières, formulées ou non, adressées à des aspects du pouvoir divin dont on croit qu'il possède la capacité d'intervenir. En vérité, ce sont ces prières et le désir sous-jacent de faire l'expérience de l'équilibre et de l'harmonie qui ont manifesté ces messages et leur canalisation subséquente via un individu, dans le but de rejoindre la conscience collective. Ces messages sont une réponse à ces prières et désirs. L'intervention divine se manifeste à travers ceux qui le désirent. L'invocation est faite en pensée et la réponse arrive de la même façon. La pensée est le point de départ de toute la Création ; l'invocation et sa réponse sont des formes-pensées très puissantes et pourtant subtiles. Ce sont aussi les formes les mieux défendables si elles sont maintenues avec fermeté et si l'émotion les alimente. Peu importe la quantité d'influence subliminale, cela ne peut changer une conviction infusée d'émotion, fixée sur une manifestation désirée. Le désir, bien ancré dans la pensée par un savoir émotionnel qui soutient la possibilité de son actualisation, peut et doit se manifester. Il importe seulement qu'il se dégage une définition générale des déclarations d'intention faites par les nombreux individus qui partagent une même perception.

Ceux qui sont activement impliqués, seuls ou dans un petit groupe, forment maintenant un quorum qui permet d'invoquer davantage d'aide de sources extérieures. Nous suggérons que vos méditations, prières et simples requêtes formulées en pensée demandent d'assister l'humanité dans son effort de focaliser sur une expérience différente comme solution, plutôt que de focaliser sur la situation problématique qui les entoure. Une plus grande conscience des problèmes sert à sortir de l'ignorance, à encourager l'éveil, mais ce n'est absolument pas une solution aux situations problématiques que nous avons énumérées. En effet, l'entité qui se cache derrière les problèmes et qui les provoque est organisée et animée d'intentions plus profondes et plus sombres que vous ne pouvez possiblement deviner à partir des situations actuellement connues. Le retour espéré à des expériences antérieures connues ne pourrait tenir ces sombres intentions en échec. Comprenez bien ceci : tous les espoirs doivent se tourner vers l'invocation d'un nouveau paradigme d'expérience. Permettez au passé de rester le passé. Le futur doit être imprégné des espoirs, des plans et des rêves d'harmonie et d'équilibre nés de l'application des lois universelles de base dans l'expérience. C'est le transfert à cette méthode de manifestation éprouvée et vraie qui fournira la solution au dilemme du genre humain. En se concentrant sur l'inconnu, sur ce qu'il reste à découvrir, on laisse tomber le présent qui devient alors le passé et on découvre ce que le futur a à offrir.

L'inconnu déclenche soit l'excitation, soit la peur. Il est important que le personnel au sol construise sur l'émotion d'excitation et d'anticipation pour fournir la plus grande possibilité de manifester le nouveau paradigme en expérience réelle. Le noyau d'intention de départ attirera vers lui le nécessaire pour mener l'idée originale à maturité et permettre une « croissance cellulaire » et une expansion de l'idée jusqu'à sa manifestation dans votre réalité. Ce qui débute comme un petit foyer d'intention intérieur s'étend alors et se développe à mesure qu'il reçoit de l'aide de l'extérieur. L'aide disponible peut offrir une protection qui permettra à l'expansion naturelle de se poursuivre plutôt que d'être contenue par ceux qui préféreraient que ce foyer intentionnel avorte ou qu'il meure dans l'enfance.

C'est ce genre d'aide qu'il serait sage d'invoquer au cours de la prière, de la méditation ou de la concentration. C'est « une aide qui vous aidera à vous aider vous-mêmes » pour ainsi dire. C'est une requête pour ouvrir un passage visible et praticable à l'intention de l'humanité, un passage qu'elle distinguera et comprendra à mesure qu'elle en fait l'expérience dans sa réalité. Ce genre d'aide s'insère dans le cadre des lois qui régissent les échanges entre citoyens galactiques ; la demande est faite en toute liberté et l'aide est accordée de la même manière. « Aidez-nous à nous aider nous-mêmes ! » Cela n'invoque aucun endettement entre les membres. C'est une manière de progresser ; tous ceux qui le peuvent aident tous ceux qui le demandent, mais ces derniers doivent être consentants à s'aider eux-mêmes au cours du processus. On ne peut faire les choses à leur place. Ceux qui portent assistance décident de la forme d'aide qu'ils offriront ; les requêtes pour obtenir de l'aide, souvent formulées de manière générale, reçoivent des réponses qui démontrent une plus grande compréhension et qui produisent des résultats dont les requérants n'auraient pu rêver. La très grande pensée qui pense est toujours disponible pour répondre à des demandes formatées selon les lois universelles de base. Par conséquent, les demandes qui mentionnent que c'est « pour le plus grand bien de tous les intéressés » invoquent cette plus grande sagesse et attirent des résultats garantis extraordinaires.

Nous espérons que ceux qui s'identifient à ces messages et qui changent intentionnellement leur objectif afin de produire le nouveau paradigme d'expérience pour le genre humain sur cette planète se souviendront de maintenir ce rêve au premier rang de leur attention. Les principes qu'ils contiennent sont bien sûr applicables dans l'expérience personnelle. Mais nous vous suggérons fortement d'orienter votre expérience individuelle vers le dévouement envers la totalité planétaire. La transformation de l'expérience individuelle n'affecte pas tellement l'expérience planétaire. Par contre, la transformation de l'expérience planétaire assure la transformation de l'expérience individuelle. Ceux qui désirent vraiment profiter d'une période offrant moult occasions d'évoluer rapidement peuvent coordonner ces deux expériences. Il y a beaucoup à comprendre.

L'heure est grave. Le genre humain dans son ensemble et chaque individu qui décide de s'impliquer consciemment auront des choix importants à faire. « Priez » (pensez et demandez clairement) que suffisamment de gens fassent les bons choix et que le plus grand bien de tous les intéressés fasse partie de leur intention focalisée. (À qui s'adresse cette prière ou à quoi ? Cela est sans importance.) On ne sait pas vraiment ce qui représente le plus grand bien des individus et de l'humanité. Cependant, l'absence de jugement permet à la 3e loi universelle de manier sa puissante influence. Ensuite, l'action coordonnée des trois premières lois manifeste la 4e, l'harmonie et l'équilibre, l'essence même du but du nouveau paradigme dont l'humanité désire faire l'expérience.

Tout commence par une réflexion sur les possibilités, puis une sélection des choix. Choisissez avec soin !

Chapitre 40

Les circonstances, les situations et les événements dont vous faites l'expérience de manière séquentielle sur la Terre, révèlent également une plus grande matrice expérientielle. Si vous détricotez un pull-over, vous obtenez un long fil qui ondule parce qu'il garde la forme des boucles individuelles qui composaient le tricot. Mais vous ne pouvez plus discerner ce que le pull-over avait l'air à partir de ce tas de fil ondulé. De la même manière, chaque événement qui fait partie d'une chaîne d'événements successifs est tout ce qu'on peut distinguer de l'existence d'un prototype entier et complet. Une fois que la chaîne expérimentale d'événements successifs arrive en fin de cycle et qu'une réalité est considérée complète, on peut se faire une idée de l'événement entier. Et pourtant, ce n'est toujours qu'un point de vue par rapport à un hologramme intégral. Le temps, ce concept qui sert à marquer les événements successifs, existe, et sa perception diffère d'un niveau de réalité manifestée à l'autre. L'importance de le calculer à la minute diminue à mesure que se fonde la capacité de percevoir le tout d'un point de vue de plus en plus élargi. Ce qui prend de l'importance, c'est le processus dont la situation ou l'événement fait partie ; il évolue vers l'achèvement d'une expérience complète. C'est comme de regarder le tricotage d'un pull-over entier se faire à partir de fil fraîchement filé. À mesure qu'il est fabriqué, il sert de canevas pour y broder des expériences individuelles. Chaque individu qui vit dans son influence perçoit le même canevas et le brode à sa manière. Chacun possède sa version de la série d'événements, de situations et de circonstances. Ces versions individuelles composent une expérience de groupe de plus en plus vaste qui présente une myriade de perspectives, celles de tous les participants. Le groupe en arrive à former un consensus sur une perspective ; c'est ce qu'on appelle la « conscience collective ». De ce consensus ou accord généralisé découlent les lois, les règles et les règlements qui gouvernent le comportement communément acceptable. Il est très important pour les oppresseurs de pouvoir influencer le consensus populaire se rapportant au comportement de groupe acceptable. Plus la population mondiale est uniforme et enrégimentée, plus il leur est facile de l'influencer et de la contrôler en poussant les individus à s'identifier à la « globalisation » plutôt qu'à leurs allégeances culturelles, ethniques ou nationales.

En même temps que les globalistes essaient de standardiser l'expérience de la vie humaine dans un mode robotique et plus facilement contrôlable à l'échelle mondiale, la psyché humaine, de son côté, désire ardemment s'individualiser. Si nous observons cette lutte intense où le freinage s'oppose à l'expression créative, nous distinguons différents groupes. Un grand pourcentage d'individus sont ralentis et standardisés en une existence de zombis hypnotisés. D'autres sont pris dans diverses expériences de vie délirantes touchant les extrêmes. Quelques-uns sont perdus au sein de groupes qui exploitent leurs compagnons humains, etc. Sous-jacent à toute cette scène chaotique, nous retrouvons les manipulateurs du mental qui poursuivent leurs expériences d'influence sur leurs cobayes sacrificatoires humains. La programmation mentale, les expériences médicales sous forme de médicaments prescrits et de vaccins, les drogues dures illégales, les additifs dans la nourriture, les combinaisons de nourriture, les ondes vibratoires invisibles provenant d'appareils de communications ou tous les autres appareils communément utilisés, etc., tout cela influence le corps humain et l'étincelle de vie vibratoire et électrique qui l'anime.

Ces commodités fournissent un semblant de confort et d'aisance ; il est donc difficile de penser à les abandonner. Ce n'est pas que le concept de leur utilisation soit contre-productif à l'expérience humaine ; mais elles ont été dessinées de manière à accomplir des buts négatifs très spécifiques de manipulation du mental et de contrôle des fonctions du corps. En d'autres termes, tous ces articles utilitaires pourraient être fabriqués dans un format qui supporterait les formes de vie sur Terre. Il importe que vous saisissiez que ces outils ont été délibérément fabriqués de manière à ralentir et à confondre la force de vie vibratoire qui habite toutes les formes de vie sur cette planète, avec comme objectif direct d'éliminer tous les humains, sauf les plus résistants qui seront utilisés comme géniteurs et porteurs du prochain stéréotype d'esclave super adapté.

Les humains doivent arriver à réaliser que s'ils considèrent comme acceptables les expériences en reproduction génétique tentées sur des formes de vie qu'ils jugent inférieures, l'équipe sombre qui pousse ses laquais à maltraiter leurs compagnons humains considère également les Terriens comme une forme de vie inférieure. Les laquais qui permettent qu'on les utilise de cette manière ne sont pas plus appréciés que les humains moyens ; d'ailleurs, ils le sont probablement moins. Si ces gens trahissent les leurs, ils sont alors vraiment indignes de confiance et comprenez que ce n'est pas une caractéristique désirable pour un archétype d'esclave.

Il est important que le plus grand nombre possible d'êtres humains qui ont l'esprit ouvert en viennent à comprendre la nature de leur véritable statut auprès de ceux qui considèrent cette planète comme leur colonie. Cela ne veut pas dire que vous devez réévaluer à la baisse la valeur des Terriens. Certainement pas ! Le sang, l'ADN, le potentiel nécessaire à tous les êtres conscients pour évoluer dans le plan de la Création courent dans leurs veines. Ce que vous devez saisir, c'est que l'humanité fait face au défi enviable de se défaire du joug d'influence extérieure et d'accepter la responsabilité de créer son propre futur. La maturation que l'acceptation de ce défi amènera et la création d'une manière de traverser cette expérience ranimeront les vraies qualités autonomes qui ont été délibérément forcées à un état latent et elles seront remises en application. Ce ne sont pas les tendances guerrières de compétition qui ont été cultivées et encouragées, mais celles de la responsabilité, du courage et de la coopération qui provoqueront la formation d'une spirale d'évolution vers la citoyenneté galactique. Ces qualités dégageront la conscience humaine de la lutte apparemment désespérée qui l'enveloppe et permettra à la planète et à ses habitants qui modifient leur perspective de transcender la situation actuelle. Ceux qui s'identifient avec ce nouveau paradigme d'expérience en feront partie. Ceux qui ne le font pas, pourront poursuivre leur expérience jusqu'à ce qu'une autre occasion de choisir soit créée individuellement ou collectivement. L'avancement est disponible pour ceux qui choisissent avec soin et résolument. Encore une fois, nous vous encourageons tous à réfléchir sérieusement.

Chapitre 41

Dès lors que des mammifères à sang chaud apparurent sur cette planète, l'évolution menant à la conscience de soi devint l'objectif. C'est un processus normal et naturel. La conscience de soi progresse et se raffine ; elle mesure son cheminement en temps linéaire ou en courts segments ; ces derniers sont comme les pièces d'un puzzle qui, une fois rassemblées, formeront la version holographique d'une vaste expérience. L'ego conscient observe sa vie d'une manière séquentielle linéaire (passé, présent, futur) ; cette méthode ne lui laisse pas soupçonner qu'il fait partie d'un plus grand projet jusqu'à ce qu'une explication lui soit offerte de la manière dont cela « marche vraiment » et qu'il l'accepte comme étant la vérité.

La perception du temps est fondée sur un consensus : les cycles de clarté et d'obscurité servent de mesure du temps. Cependant, il y a d'autres manières de mesurer le temps qui peuvent être adoptées. Plus le cycle mesuré est long, plus l'expérience de vie de l'individu est longue. Bien que cela puisse paraître impossible, si un autre type de mesure du temps devait être adopté, la durée de vie pourrait alors être modifiée ; elle serait rallongée ou raccourcie, selon ce que le cycle contient. Comment ce « contenu » pourrait-il être comparé ? Difficilement. Tout dépend des critères de mesure utilisés et ces critères proviennent d'un consensus général (ou généralisation de l'apport du groupe entier qui présente ses nombreuses et diverses opinions). En conclusion, la façon de mesurer le temps est un facteur déterminant dans l'expérience. Cette explication vise à démontrer combien le consensus général est important.

Alors, pour ceux qui auraient l'intention de manipuler un large groupe, il leur faudrait contrôler ce puissant outil qu'est le consensus général. Cela explique pourquoi ils ont provoqué la migration massive des populations vers les villes et qu'ils utilisent les médias populaires pour arriver à façonner les généralisations d'opinions. Voici quelques-uns des concepts qui façonnent les généralisations à l'heure actuelle :

• Le pouvoir et la permission sont entre les mains d'une divinité extérieure.

• La violence est la façon de résoudre les différends.

• Les êtres humains sont plus différents qu'ils ne sont semblables.

• Avoir raison est plus important que comprendre.

• Le passé contrôle le futur.

• Le luxe et les plaisirs sont indispensables pour être heureux.

• La complexité est plus satisfaisante que la simplicité.

• La raison du plus fort est toujours la meilleure.

• Le service et le sacrifice sont les cadeaux ultimes qu'une personne peut offrir aux générations futures.

• Il n'y a pas assez de ressources et, pour les posséder, on doit les dérober aux autres.

• Si quelque chose « cloche », les lois et les règlements peuvent régler la question ou la solution se trouve dans un contrôle accru.

La liste est sans fin.

Que trouve-t-on alors dans le corps de ces messages qui pourrait remplacer ces croyances actuellement en vigueur ?

- Responsabilité et liberté sont des termes interchangeables.

- Pouvoir et consentement sont retenus ou cédés par choix.

- L'intention délibérée focalisée est un outil tout-puissant.

- Ce qui est croyable doit être logique.

- La responsabilité annule les attitudes de victime et d'abuseur.

- Là où est l'attention est l'intention.

- Les semblables s'attirent, peu importe le pôle qu'ils occupent.

- Il existe une importante distinction entre indifférence et laisser-être.

- L'humanité a le choix de ses expériences à venir.

- Le sauvetage sans participation n'est pas une option disponible.

- La nature du nouveau est invoquée avant que le vieux ne disparaisse.

- Le chaos est une étape nécessaire dans le processus de transformation.

- L'engagement envers un objectif attire l'assistance qui aidera à l'atteindre.

En lisant et en relisant ces messages, ces principes et d'autres encore qui se rapportent à la liberté de choisir la destinée des Terriens deviendront un foyer d'intention profondément enraciné chez tous ceux qui choisissent de prendre part à ce processus. C'est aussi un projet logique auquel tous ceux qui ont des vues divergentes peuvent participer sans qu'il leur soit nécessaire de défendre ou d'attaquer les pensées diverses que le nouveau paradigme invoque. Le « désir d'un nouveau paradigme d'expérience » inclut tout. L'intention focalisée pour le « plus grand bien de tous les intéressés » permet à la pensée qui pense d'inclure et d'organiser en profondeur toutes les possibilités rationnelles émises dans un plan englobant qui sera aisément acceptable. Les humains en devenir réussiront effectivement à devenir. C'est un foyer d'énergie qui inclut tout mais qui se fait pourtant extrêmement discriminant en ce qui a trait au choix de participation. Il offre l'occasion que le genre humain attend depuis fort longtemps de transcender son statut colonial pour revenir à la souveraineté et rejoindre sa communauté galactique.

Maintenant, venons-en à la question suivante : Si les Terriens se libèrent du joug en se déclarant propriétaires souverains de cette planète, combien de temps cela prendra-t-il à ceux qui désirent que la planète reste une colonie pour abandonner leur position ? Cette partie du plan est bien couverte ; ne vous en faites pas. Mais il faut d'abord et avant tout que les humains fassent leur choix, qu'ils déclarent leur intention à l'intérieur de leur propre conscience, qu'ils s'engagent à endosser la responsabilité nécessaire de concentrer leur intention délibérée dans les lois universelles et qu'ils permettent à la vision de se clarifier. La pensée qui pense est définitivement bien sage ! Certaines choses doivent se résoudre d'elles-mêmes par le biais du laisser-être.

Cependant, souvenez-vous que laisser-être n'est pas synonyme d'indifférence. Le laisser-être est une observation vigilante qui s'accompagne d'une émotion d'espoir de voir une intention délibérée produire le résultat voulu. C'est la transformation qui se produit suite à une participation consciente à l'expression du principe de vie que révèle la conscience de soi, ce cadeau. On découvre le laisser-être en percevant ce que l'aspect sensible de la conscience saisit et sent lorsqu'elle considère avec logique les questions posées dans le cadre du processus de pensée. Le laisser-être est la pensée qui pense à l'intérieur de la conscience individuelle et qui teste la validité de ses conclusions à travers l'aspect sensible, dans une réflexion tranquille, sachant qu'il n'est pas nécessaire de comparer ses conclusions au processus de décision de quelqu'un d'autre. Ainsi, s'il n'est pas nécessaire de défendre ses conclusions, une vraie réflexion peut donc prendre place. Le consensus n'est important que pour le contemplateur. Pensez-y !

Chapitre 42

En acceptant d'élargir leurs vues sur l'expérience humaine, les participants s'identifient plus facilement à la tâche qui leur est offerte, celle d'orienter le cours des événements vers un avenir différent de celui que certains ont planifié et de remettre le contrôle de la planète entre les mains de la population d'origine. Chaque unité de conscience qui s'incarne sur cette planète intègre l'histoire génétique du corps qu'elle occupe, telle que transmise par les ancêtres. Cet héritage inclut, entre autres, le droit souverain à la propriété de cette planète, non pas en tant qu'individu mais en tant que membre de la famille humaine. On n'a pas besoin de creuser à fond l'histoire passée des « familles royales » pour y discerner le modèle de comportement qui anime ce segment de la mémoire consciente collective. La révision de l'histoire, à la lumière de l'influence de ceux qui gouvernent directement ou par manipulation les membres de l'humanité qui furent choisis pour accomplir ce rôle, pointe clairement vers l'avidité, la supercherie et la traîtrise comme procédures de fonctionnement standard.

Par conséquent, en termes de valeur durable, il y a peu à gagner à répéter l'expérience humaine telle qu'elle s'est déroulée au cours de ce chapitre passé de l'histoire planétaire autrement que pour créer un désir profond et durable de la transcender pour aller vers un modèle d'évolution totalement nouveau. Nous ne voulons pas nier qu'il y ait eu beaucoup de progrès et qu'une bonne partie de l'expérience ait été éprouvée en sagesse. Nous voulons dire que tout l'enseignement qu'il était pratiquement possible d'en tirer a été recueilli et qu'il serait maintenant prudent d'abandonner le besoin de poursuivre l'expérience et de passer à un modèle d'expérience plus gratifiant.

Lorsque l'observateur est disposé à admettre une vue plus globale de l'expérience humaine, il voit sa perception du contenu de la conscience collective se transformer ; il peut plus facilement distinguer et reconnaître l'œuvre de ceux qui programment délibérément les attitudes générales et les opinions. L'observateur commence à se détacher de ces influences et à admettre que des étrangers, d'une autre nature et dont le modèle d'existence et le foyer d'intention diffèrent de ceux des Terriens, imposent leurs volontés à une population qui ne les choisirait pas consciemment. Cette découverte mène à un choix : celui de poursuivre obstinément le modèle en cours ou de s'en séparer et de déclarer son intention de se joindre au mouvement de transformation à l'échelle planétaire. Tenter de s'isoler et de maintenir un foyer individuel n'accomplit pas grand chose mais joindre un plus grand foyer d'intention qui compte modifier l'expérience planétaire offre une solution de valeur suffisante pour inciter à l'engagement. Tel que mentionné auparavant, un changement d'expression individuelle influence peu l'expérience des autres tandis qu'un changement planétaire affecte toutes les expériences individuelles qui y sont connectées.

Ces messages continuent de développer un certain thème : celui de clarifier la situation actuelle qui pousse vraisemblablement l'humanité sur une spirale d'expérience descendante aboutissant à un esclavage abject et la destruction préméditée de l'énergie de l'âme, cette source qui place et influence l'étincelle de vie dans chaque corps. Cette étincelle, c'est la conscience de soi individuelle. Retirer cet aspect de vie de l'expression humaine la ferait régresser à l'état animal, ce que l'équipe adverse considère comme l'archétype d'esclave idéal. C'est l'explication la plus simple du futur qu'ils vous ont organisé. Mais les contrôleurs ont un petit problème ; ils désirent conserver un pourcentage de l'intelligence qui est liée à l'état de conscience de soi. C'est pourquoi les expériences et les essais se poursuivent continuellement pour déterminer quelles techniques de contrôle du mental et quelles facultés d'adaptation physique peuvent produire ce prototype idéal.

Espérons que le scénario qui attend ceux qui continuent d'accepter l'endoctrinement, les vaccinations, la réglementation et la subordination de leur volonté à des pouvoirs extérieurs à eux-mêmes soit maintenant suffisamment clair aux yeux de ceux qui ont lu ces messages pour qu'ils acceptent la possibilité que leur contenu présente la vérité. Espérons également que le sens logique de provoquer le changement par une méthode qui ne soit pas anticipée par ceux qui projettent de contrôler cette planète et sa population tombe sous le sens.

Il est possible de modifier l'expérience en faisant un choix conscient, en formulant une intention délibérée et en alignant cette intention avec les lois de base de l'univers, en d'autres termes, en faisant usage de son pouvoir personnel. Les lois poussent ce pouvoir à l'avant-plan puisque la Loi d'attraction attire l'aide demandée en vue d'assister et non pour secourir. Pour que ce plan réussisse, vous devez essentiellement changer votre perception de la situation actuelle et passer du niveau de conscience de victime à celui de créateur responsable d'un nouveau paradigme d'expérience. Le désir que tout cela se produise pour le plus grand bien de tous les intéressés relâche son énergie dans le courant d'expression créatrice !

Comprenez bien que cela ne touche pas seulement l'espèce humaine assiégée, mais tous ceux qui sont impliqués dans le scénario complet, qu'ils paraissent appartenir au foyer positif ou au foyer négatif. Ce désir de provoquer la plus vaste et la plus profonde transformation possible de l'expérience galactique contient en lui-même la puissance la plus fantastique de le faire. C'est un moment sans précédent dans ce segment de l'histoire galactique ! Il comporte des occasions d'évolution incomparables pour ceux qui en ont le désir et qui acceptent de s'engager et de devenir des participants actifs dans cette transformation de la conscience. Espérons qu'un grand nombre d'individus seront capables de modifier leur vision du monde, de s'ouvrir aux possibilités disponibles et d'y réfléchir. Mais ce qui est encore plus phénoménal, c'est de participer sciemment et activement à ce projet. Pensez-y bien !

Chapitre 43

Le processus de dégager la conscience collective du marais d'attitudes contrôlées de longue date et de pensées tournées vers de fausses nécessités progresse ; un changement de cap se dessine à l'horizon. Mais il faut qu'un nucleus de gens éclairés et bien informés se forme. C'est là l'objectif de ces messages. Les lecteurs qui résonnent avec l'information que la trilogie présente vont la lire et la relire. Ils viendront à former un noyau essentiel qui en attirera beaucoup d'autres et ces derniers se joindront au mouvement croissant qui tend vers la création du nouveau paradigme d'expérience. Désirer le changement, c'est déjà y participer à un premier niveau, mais désirer le changement selon un format faisable, basé sur une séquence logique et qui laisse place à un consensus de groupe, ce désir-là engendre un mouvement à saveur de succès.

Alors que le mouvement prend de la vitesse relativement à l'espoir de voir réussir le projet déjà bien engagé, les participants actuels ne verront pas les résultats se manifester car ces derniers resteront pratiquement invisibles. Ils feront plutôt l'expérience d'un savoir intérieur qui leur indique que tout se passe comme il se doit, car ils savent intuitivement qu'il est nécessaire, dans ce cas-ci, de se fier au processus, même s'ils ont cherché depuis longtemps à observer et à contrôler autant d'aspects de leur expérience de vie que possible. Ce lâcher prise ouvre la porte à la Loi du laisser-être et lui accorde la latitude nécessaire pour manifester ce qui est invoqué au travers de la Loi d'intention délibérée de créer. Comprenez bien ceci : pour qu'une création voulue se manifeste, on doit lui permettre de se manifester. On y arrive en maintenant fermement l'intention à l'esprit, dans une foi absolue accompagnée d'un sentiment d'anticipation à l'effet que la création existe en tant que pensée énergétique et qu'elle attirera délibérément vers elle le format expérimental moléculaire qui lui permettra de se présenter en réalité visible.

Embrasser les lois universelles en tant que méthode viable pour donner naissance à un nouveau paradigme d'expérience à l'intention de cette planète et de ses habitants exige que les participants focalisent une intention bien engagée et qu'ils comprennent et appliquent les principes impliqués selon leur séquence interactive. Nous avons introduit ces lois dans leurs formats les plus basiques et nous les avons accompagnées d'explications simples relativement aux processus interactifs et séquentiels qui leur permettent de servir de véhicules à des fins de création. Les lois répondent à l'intention ; elles opèrent donc souvent, sinon la plupart du temps, par défaut ; par là, nous voulons dire qu'elles manifestent le contenu de la pensée. Donc, ceux dont les pensées se rapportent à la pauvreté et au manque créent dans leur expérience plus de pauvreté et de manque. Les pensées de victime attirent plus d'expériences de victime. Les pensées de haine et de vengeance apportent des expériences de haine et de vengeance. « Désirer » certaines expériences ou certaines choses n'apporte que davantage de « désir » et non la manifestation de l'objet du désir. Les pensées qui expriment une appréciation de l'abondance, du bonheur et de la joie attirent davantage de ces mêmes énergies. Tout dépend de la perspective de la conscience qui focalise.

Les lois sont réelles et les résultats qu'elles produisent lorsqu'elles sont correctement appliquées le sont également. La difficulté, pour ne pas dire le piège, réside dans le doute qui survient pendant le temps d'attente qui se situe entre le moment de l'invocation de l'intention délibérée et sa manifestation en expérience réelle. Le temps que prend une pensée pour se manifester, à partir de sa formation énergétique dans la matrice jusqu'à l'expérience réalisable, varie selon sa qualité, alors qu'elle est tenue en place pendant la période nécessaire. La qualité est grandement influencée par l'excitation émotive contenue dans l'anticipation avec laquelle l'événement est attendu.

Bien que le support émotif soit périodiquement présent, il est difficile de maintenir le niveau nécessaire d'anticipation juste en « sachant » que la matrice attire à elle l'énergie de condensation nécessaire pour arriver à l'accomplissement. C'est pourquoi cela facilite le processus que d'avoir de multiples foyers de participants qui ajoutent leur contribution à la pensée collective qui tient le modèle en place. Ici encore, le désir généralement partagé pour un nouveau paradigme d'expérience agit en tant que force organisationnelle ; cette force est alimentée par les données contributives qui arrivent de toutes parts. Ces énergies sont focalisées dans un modèle défini, selon un processus en harmonie avec le flot de l'expression universelle, et elles se déversent dans la manifestation avec un maximum d'efficacité.

En d'autres termes, en canalisant les énergies de la pensée au travers d'un foyer organisé sur lequel il y a accord, une dynamique s'établit ; elle active à son tour une force magnétique qui apporte encore plus d'énergies au processus, ce qui ajoute de la puissance supplémentaire à toutes les phases. Ainsi, il semble que le processus se construise de lui-même parce qu'il se poursuit en harmonie avec le flot de potentialité créatrice dont on peut comprendre qu'elle est énergie sans but ni forme. Cette énergie vierge, non formatée, est plus rapidement empreinte de l'expression désirée. Ce n'est pas comme de démanteler ou de reformater une énergie déjà chargée. Puisque la Loi du laisser-être est libre de choisir la combinaison la plus appropriée parmi les éléments essentiels disponibles qui bénéficieront à l'ensemble, c'est donc un flot harmonieux qui entoure la manifestation.

Souvenez-vous que toute tentative de manifestation contraire au flot créatif qui maintient l'ensemble doit être obligatoirement soutenue par un foyer solide à l'intérieur de directives soigneusement définies et contenant tous les éléments. Les facteurs d'erreur doivent être examinés et toutes les déviations, soigneusement corrigées. Il existe donc une différence monumentale entre relâcher un flot d'énergie libre, mis en mouvement dans le cadre de directives universelles harmonieuses, et devoir se concentrer avec rigueur pour diriger une énergie qui dévie de ce flot. Les lois qui travaillent ensemble en toute liberté jouissent d'une autogouverne disponible dans le cadre d'un processus qui utilise une sagesse bien au-delà de la compréhension. C'est un avantage net dans la mise au monde du nouveau paradigme.

Chapitre 44

La conscience de soi à laquelle chacun s'identifie provient d'une énergie qui baigne tout ce qui existe. Cette conscience fait des choix et elle s'observe elle-même à l'intérieur de ses choix. La variation dans la sélection des choix ainsi que son ampleur dépendent de la bonne volonté à affronter les situations et les circonstances qui se présentent et à prendre des décisions qui comprennent toute une gamme d'effets, du plus grand au plus petit, sur le statu quo de chacun.

Cela commence dès l'enfance. Durant cette période, les parents exercent une grande influence en approuvant ou en désapprouvant les choix que font leur enfant. Jusqu'à l'âge de douze ans environ, l'enfant perçoit ses parents comme étant les « dieux » de son expérience de vie. La relation entre l'enfant et ses parents influence le modèle de prise de décision qu'il utilisera plus tard au cours de sa vie. L'enfant peut décider de suivre le modèle établi ou il peut choisir de l'utiliser comme un guide pour aller vers le changement. Encore une fois, la conscience fait là un choix décisif qui influencera son modèle d'expérience de vie. La confiance ou le manque de confiance acquis pendant l'enfance joue sur le courage et la hardiesse que chacun va démontrer au cours de sa vie. Le statu quo de l'individu est en outre influencé par d'autres interactions et expériences et par les tendances génétiques dont il a hérité via la mémoire cellulaire construite à partir des expériences de générations passées.

Toutes ces influences sont en interaction constante dans la

conscience, en plus des attachements que la personne crée avec les objets, les circonstances, les situations et les gens. Comme le monde moderne, avec ses possibilités de voyages de part en part du globe et ses échanges de communications internationales entre autres, propose des interactions avec un nombre de plus en plus élevé d'éléments, on comprend facilement que la vie sur votre planète est loin d'être simple à cette époque-ci. Vous considérez la complexité dans laquelle la conscience baigne comme un progrès. Si c'était vrai, alors l'espèce humaine devrait être en ce moment extrêmement ravie et faire l'expérience d'une poussée évolutive mentale aussi bien que spirituelle. Mais ce n'est pas le cas ! Quelques-uns sont capables de réunir les pièces du casse-tête mais leur nombre n'est pas suffisant pour élever le niveau de l'expérience consciente de la majorité. Par conséquent, si l'évolution doit faire un pas en avant, il devient nécessaire qu'un nombre suffisant d'individus choisissent de faire de cet objectif significatif leur priorité.

L'intention derrière ces messages est de prêter main forte en vous aidant à comprendre ce qu'il faut faire et comment le faire pour que se manifeste un changement de direction dans le plan établi pour l'avenir du genre humain sur la planète. Nous avons indiqué à maintes reprises que ce changement ne peut se produire que par les efforts concertés d'un nombre suffisant d'êtres humains qui font volontairement ce qu'il est approprié de faire pour produire ce changement. Chaque conscience individuelle doit d'abord laisser s'installer en elle-même le désir de voir se produire une transformation à l'échelle planétaire. C'est la fondation sur laquelle tout le reste sera érigé. L'individu doit comprendre qu'il lui appartient en toute légitimité et de par son héritage de prendre la responsabilité de la direction de son évolution. Jusqu'à ce qu'il fasse ce choix de la responsabilité personnelle, une autre unité de conscience quelconque sera heureuse de le faire à sa place.

Un ADN spécifique fut introduit chez ceux qui habitaient cette planète originairement pour améliorer le bagage génétique originel et provoquer l'évolution rapide vers la conscience de soi ; ce bagage hérité des contrôleurs ancestraux présente une tendance naturelle facilement activable chez le groupe et qui le mène inévitablement à la compétition et aux luttes de pouvoir plutôt qu'à la coopération. Par conséquent, il vous appartient de faire un choix intentionnel entre la compétition et la coopération. Cela mènerait à un changement majeur dans l'expérience du groupe dans son ensemble ; l'expérience humaine s'orienterait sur une voie d'expression totalement nouvelle. Cela semble un choix tellement simple à la lumière de la transformation profonde qui en résulterait. Comme c'est le cas dans toute expérience de vie, les choix simples sont souvent les plus profonds et les plus transformateurs.

Pendant que nos messages traitent des vérités simples qu'on retrouve à la base d'une expérience évolutive, les maîtres contrôleurs continuent de leur côté de compliquer et de confondre en causant le chaos en différents coins de la planète. Leur plan est de causer suffisamment de chaos et de confusion pour accabler leurs ouvriers trop indépendants (selon eux) et les pousser à abandonner toutes pensées de liberté en échange d'un climat social ordonné et paisible. À mesure que la confusion et le chaos augmentent, tous les souvenirs du passé paraissent contenir davantage de cet ordre et de cette paix que les gens désirent. C'est ce que les contrôleurs leur communiquent au travers de suggestions subtiles. Plus l'expérience entourant les citoyens devient complexe, plus il est facile selon toute apparence de pousser les gens à demander qu'un contrôle extérieur vienne remettre de l'ordre à leur existence. Alors, les étrangers pourront soutenir que « l'humanité avait sollicité leur aide » !

C'est en comprenant leur méthodologie qu'Il devient évident que l'humanité doit prendre la décision exactement opposée si elle veut se libérer. Elle doit décider que le contrôle par des étrangers sous l'apparence de « gouvernements », surtout un « gouvernement mondial unique » n'instaurera pas l'utopie désirée. Il doit y avoir un noyau de gens renseignés et animés d'une intention bien focalisée qui sont engagés à initier une expérience indépendante et libre pour cette planète et ses habitants. On doit clairement comprendre que cette planète et ses ressources abondantes appartiennent à juste titre aux humains qui l'habitent et qu'il leur revient de les utiliser à leur manière pour se créer une place de membre indépendant au sein de la famille galactique. L'aide est disponible pour initier cette occasion. Les conseils le sont également ; libre à ceux qui décident de tirer parti de cette opportunité de les accepter ou pas, selon leurs choix.

Ces messages en reviennent constamment au thème récurrent

du choix et de la responsabilité. Espérons que cette compréhension et cette attitude serviront de prémisses à tous les individus qui ont des choix à faire. Ces gens forment maintenant un noyau croissant de citoyens bien renseignés dont la pensée est focalisée sur l'intention délibérée de se réapproprier à partir d'aujourd'hui et pour toujours l'héritage qui appartient à la population humaine de cette planète. Cet héritage ne peut être réclamé que si vous savez qu'il vous revient de plein droit, que c'est la vérité et que toutes vos actions impliquant un choix dérivent du fait de cet héritage.

Désirer délibérément un nouveau paradigme d'expérience, avec la coopération comme foyer d'habilitation à agir « pour le plus grand bien de tous les intéressés », établit une structure énergétique. À l'état squelettique au début, la structure commence à se remplir, à prendre du volume, à attirer des énergies similaires, puisqu'elle est alignée avec l'action des lois de l'univers. Les ondulations continuent de grossir et le modèle de se fortifier à mesure que les messages rejoignent de plus en plus de gens et que ces derniers se joignent dans une entente consciente. Alors que le « personnel au sol » reste ferme dans son engagement, le sentiment d'anticipation qui alimente l'intention préméditée est également stimulé. L'aide commence à arriver sous divers formats d'intervention. Cette assistance ne créera pas le nouveau paradigme, mais elle maintiendra son support pour permettre au nouveau modèle de se dessiner.

En utilisant le terme « personnel au sol », nous n'avons jamais voulu signifier que ce groupe agissait sous la direction spécifique d'une aide extérieure. Nous voulions simplement dire que ce sont des personnes qui travaillent en coopération et qui reçoivent maintenant une aide informationnelle de support afin qu'elles complètent la tâche assignée à laquelle elles ont consenti avant de s'incarner dans des corps humains spécifiquement pour aider cette planète à se libérer de l'esclavage et pour lui donner la pleine occasion d'évoluer. Ces personnes ont endossé les limitations humaines de leurs parents génétiques terrestres mais elles ont apporté avec elles des forces à ajouter aux différents avancements évolutifs que les humains originaires de cette planète et ceux qui y ont été déportés ont produits. L'équipe au sol ne demande rien d'autre que l'engagement et la coopération de tous ceux qui comprendront l'opportunité qui leur est offerte. La raison de participer de chaque volontaire n'importe pas. Tous apportent leur contribution précieuse à une opportunité extrêmement riche et digne, au niveau individuel et planétaire, dont les effets se répandront avec une portée qui va bien au-delà de l'imagination. Une fois que le rêve aura germé dans chaque imagination, il prendra racine et grandira en un engagement inébranlable qui alimentera le foyer intentionnel au cours de la période de chaos organisé. Du moins, nous l'espérons ! Cet engagement aidera chacun à garder son équilibre. Leur exemple de courage et de stabilité attirera en retour beaucoup de monde à la cause de la libération de l'humanité.

Chapitre 45

Pour la conscience limitée, les concepts de temps, d'espace et de réalité présentent un grand mystère. Le taux vibratoire de l'expérience manifestée et de la matière observable ou des objets dont on fait l'expérience en 3e dimension requiert que le concept du temps soit interprété dans un format linéaire. Cette exigence sépare les événements simultanés et les manifestations en segments identifiables, divisant ainsi des événements multiples coactifs en unités reconnaissables. Ainsi, il est difficile de dégager une perception raisonnable et essentiellement exacte d'une série de situations complexes en utilisant seulement les morceaux connus. Le processus d'assembler des fragments d'information provenant d'une masse de données qui circulent en vue d'obtenir une meilleure vue d'ensemble nécessite l'activation d'une portion du cerveau qui est latente chez la plupart des Terriens d'origine. Il se peut que les facteurs connus ne fournissent pas assez d'information pour se faire une idée de l'ensemble ; de plus, les éléments évalués séparément n'indiquent certainement pas non plus qu'ils forment quelque chose de vrai, une fois qu'ils ont été combinés. En d'autres termes, l'expérience en 3e dimension est extrêmement limitative. C'est pourquoi il est si difficile de la transcender uniquement à partir d'un effort individuel. L'addition de médias multiples qui fournissent des quantités phénoménales d'information a été instructive car elle a permis aux citoyens de réaliser et de se révéler à eux-mêmes qu'il existe des situations qui sont plus importantes et plus inclusives. Il est toutefois difficile de formuler des conclusions exactes avec la quantité de données conflictuelles et délibérément trompeuses qui circulent. Les situations changent, l'information disponible change et il en résulte finalement l'accablement et la confusion.

Il est important de comprendre que la confusion qui est refilée à l'humanité en utilisant les deux bouts du continuum de l'information est volontairement provoquée. On vous offre simultanément trop d'information et trop peu d'information honnête et pertinente. Cela empêche les êtres humains penseurs et intelligents de tirer des conclusions exactes et des perceptions raisonnablement vraies du flot continuel d'information se rapportant aux événements et aux situations. La recherche frustrante de l'information nécessaire mène les membres intéressés de l'humanité à baisser les bras ou à continuer à chercher avec plus ou moins d'efficacité s'ils veulent pouvoir percevoir intuitivement au moins un indice du vrai scénario qui se déroule autour d'eux. Sachant qu'il n'y a pas moyen de vérifier toute l'information, chacun tire des conclusions au meilleur de sa connaissance et fait l'expérience de la confusion et de la méfiance.

Est-ce qu'il y a une solution à ce dilemme ? Considérez qu'il vaut peut être mieux accepter la situation telle qu'elle se présente. Il est possible que la confusion et le chaos organisés à l'intention de l'humanité – et auxquels cette dernière est censée se soumettre – soient exactement l'expérience qu'il lui faut. Ils s'attendent à ce que les humains résistent, qu'ils condamnent les conditions chaotiques et qu'ils désirent en voir la fin. Mais si les Terriens acceptent plutôt les conditions fomentées comme faisant partie du processus d'éradication du chaos et de la confusion mêmes dont ils sont l'objet et s'ils les remplacent par une expérience totalement nouvelle, le scénario actuellement en cours sera alors totalement modifié, c'est inévitable. Oui, on peut dire que tout ce remue-ménage est inévitable. Le système actuel doit s'effondrer pour qu'une nouvelle structure soit mise en place. Cela fournira à l'humanité l'occasion d'intercéder et de créer pour elle-même ce qu'elle désire.

Mais, qu'est-ce donc que l'humanité désire créer ? Ce sera soit la continuation de la colonisation de cette planète par des étrangers, soit une déclaration de souveraineté et de droit de propriété en affirmant que la planète appartient véritablement aux êtres évolutifs qui l'habitent. À cette fin, ces messages sont consacrés à instruire tous les humains qui peuvent être contactés, tous ceux qui accepteront le défi et qui reconnaîtront leur vraie identité de citoyens plutôt que d'esclaves possédés. Ces individus doivent faire de cet objectif leur passion ; ils doivent se consacrer à déclarer la libération de la planète au complet. Toute la pensée doit aller à recréer la totalité. De ce point de vue-là, on peut admettre que la poussée des adversaires vers une identité globale sert bien votre cause. Il n'y a certainement pas d'accident. L'élan du désir « pour le plus grand bien de tous les intéressés » peut utiliser et utilisera toutes les facettes de l'expérience existante pour le plus grand bien de tous, lorsqu'il sera relâché et autorisé à se réaliser via l'intention préméditée focalisée.

Il faut des êtres matures et intelligents pour concocter de manière réfléchie un plan sans précédent de coopération visant la plus haute intention possible pour une civilisation entière. Cela présente une occasion qui, si l'intéressé y réfléchit, peut raviver le souvenir de la raison pour laquelle il s'est incarné à ce moment-ci sur cette planète. Toutes les expériences vécues jusqu'à maintenant dans cette vie pâlissent en comparaison de la perspective de fournir une assistance à une planète assiégée et à ses nombreux habitants dont la liberté légitime est actuellement déniée, afin de leur permettre d'évoluer dans un environnement positif et encourageant. Cette assistance mettrait fin au viol et au pillage d'une planète et d'un système solaire richement dotés qui sont utilisés à l'heure actuelle pour supporter des civilisations qui ont failli à la tâche de prendre soin de leurs propres planètes de résidence.

Un changement de conscience, passant de victime à personne souveraine responsable, est absolument nécessaire pour qu'une transformation radicale de l'expérience planétaire s'accomplisse. Les participants potentiels seront tentés de joindre une cause valable et de s'engager dans un projet coopératif si les avantages à tirer de l'expérience sont mis en lumière. À cet effet, les messages précédents ont énumérés les bénéfices offerts à l'individu ou au groupe. Des facteurs contributifs simples, mais encore incroyablement efficaces, ont également été mentionnés. L'occasion d'éprouver sa connaissance en sagesse en coopérant avec les lois universelles fondamentales offre des possibilités d'évolution rarement disponibles au cours d'une incarnation. Il est rare de tenir de tels propos pour attirer des unités de conscience hypnotisées afin de les éveiller et d'activer la participation qu'elles avaient projetée avant d'arriver. Toutefois, cette situation bien orchestrée dure depuis longtemps ; elle est finalement mûre pour une transition à une manifestation d'expérience humaine différente. Votre participation pleine et entière est absolument bienvenue.

Chapitre 46

L'information présentée jusqu'ici a permis aux lecteurs d'acquérir une plus grande compréhension de la raison pour laquelle ils se sont incarnés ici et de ce qu'ils sont venus accomplir. Des chapitres de transition présentaient pour votre réflexion certaines possibilités sur l'origine et l'évolution de l'espèce humaine sur cette planète ; elles diffèrent grandement de ce que la religion la plus répandue et la communauté scientifique officielle vous ont présenté jusqu'à maintenant. Il est intéressant de noter que des objets anciens ont été trouvés sur de nombreux emplacements autour du monde ; ils ont donné lieu à des recherches élaborées, d'ailleurs maintenant disponibles pour consultation, qui supportent la théorie de l'évolution forcée d'une forme de vie indigène à cette planète dans le but de servir les intérêts d'étrangers qui se posaient en maîtres des lieux. Ces faits remplissent de leur logique les intervalles que les principaux anthropologues sont incapables d'expliquer et ce faisant, ils discréditent leurs conjectures historiques.

Pour ceux qui consentent à considérer toutes les possibilités, y compris les deux théories incompatibles de l'origine de l'homme communément discutées, leur processus de pensée s'en trouve rehaussé. Une fois que « l'idée des possibilités » est incorporée au processus du mental/cerveau, cela change la manière d'analyser toute l'information qui arrive. Cela équivaut à briser la coquille artificielle dont les contrôleurs ont voulu enrober chaque conscience pour l'empêcher de réfléchir à quoi que ce soit d'autre que la diète standard de pensées approuvées dont ils gavent constamment les sociétés modernes. Bien sûr, tout cela est fait sciemment pour façonner la conscience collective/de la masse de la totalité planétaire. Cette tactique s'insère parfaitement dans le plan visant à contrôler l'ouvrier humain et à le redessiner par le biais d'une involution forcée le menant au bas de l'échelle évolutive plutôt que de lui permettre d'avancer sur une spirale normalement orientée vers le haut.

Une fois cette compréhension fermement ancrée dans l'esprit des lecteurs de ces messages, ces derniers portent naturellement leur intention sur des manières de contrecarrer ce plan créé clairement et seulement à l'avantage des étrangers. Aucune conscience intelligente ne désire l'involution plutôt que l'évolution. Il devient également assez clair que pour modifier l'expérience à venir, on ne peut utiliser une méthodologie qui a été délibérément introduite et encouragée par cette même influence extérieure qui a psychologiquement organisé chaque expérience humaine pour cadrer parfaitement avec sa stratégie de contrôle total. On doit comprendre que pour arriver à déjouer ces planificateurs, il faut aller vers une stratégie bâtie au moins une marche plus haut que les procédures de leur programme modèle. Leurs méthodes d'opération consistent à utiliser les lois universelles selon un plan qui n'est pas en harmonie avec le flot d'énergie généré par l'expression de potentialité pure tendant vers une plus grande contemplation d'elle-même. Le plan d'involution des êtres humains sur cette planète est en opposition directe à ce flot. Donc, pour créer une expérience différente, il faut de toute évidence établir l'intention en invoquant volontairement les lois universelles de manière à insérer cette intention dans le flot qui trouve son mouvement expansif à travers l'évolution des espèces.

Aucune expérience ou aucun objet ne peuvent se manifester sans qu'une pensée ne les ait d'abord conçus ou dessinés, pour ensuite projeter le dessin désiré dans le champ illimité d'énergie indifférenciée disponible qui attend de remplir le moule créé par le dessin projeté. Quand les lois sont invoquées en vue de manifester une création en harmonie avec leur but et qu'elles sont relâchées pour remplir les détails du modèle de base, de merveilleux résultats se produisent. Par contraste, tel que mentionné précédemment, si les lois sont utilisées dans un flot contraire, chaque détail doit être spécifié et maintenu au foyer avec concentration, non seulement pour créer le dessin mais aussi pour le tenir en place. Par conséquent, à mesure que le modèle comprend de plus en plus de détails, il devient aussi de plus en plus fragile. Si la concentration qui le soutient venait à être soudainement relâchée, le processus naturel de « la pensée qui pense » reconnaîtrait que ce design est en désaccord avec son but originel et elle entamerait un processus d'autodestruction.

Ce message présente une vue d'ensemble qui permet au lecteur d'élargir ses vues et de mieux comprendre la situation dans laquelle la Terre et ses habitants se trouvent à ce moment-ci de leur histoire. Le mot « transcender » veut dire « s'élever au-dessus, transformer, exceller ». L'humanité doit « transcender » l'expérience en cours pour continuer sur sa trajectoire d'évolution. Pour y arriver, elle doit s'élever au-dessus de ceux qui contrecarreraient le progrès naturel. La pensée étant le point de départ de la création, il devient alors évident que le genre humain doit « penser » d'une façon qui est au-dessus et au-delà de celle de ses geôliers, en utilisant un modèle conceptuel « transformateur » comme base de son intention. Cela pourrait lui attirer une assistance supplémentaire si des variations apparaissaient dans le modèle de comportement des Terriens qui ne soient pas consistantes avec les réactions qu'on attend de ces derniers face au plan de contrôle programmé. Des variations dans le comportement humain stéréotypé projeté forceraient l'attention de l'autre équipe à s'éloigner du foyer de concentration dont ils ont besoin pour maintenir leur programme en place. Cela affaiblirait en retour leur capacité de maintenir la forme de leur fragile modèle.

Il vous vient alors à l'esprit la question suivante : comment ce contrôle super important est-il tenu en place par les divers groupes qui composent le système de support fourni par les humains qui se sont ligués avec les actuels contrôleurs étrangers de la planète ? La réponse est très simple : par des rituels ! À la base de tout rituel, qu'il soit religieux ou fraternel, public ou secret, on retrouve un vocabulaire similaire ou une intention similaire. Tout ceci vise délibérément le contrôle du mental et limite le comportement de ceux qui y prennent part, même après qu'ils aient quitté le groupe et cessé la pratique de ces rituels. Les concepts inculqués continuent tout de même à exercer leur influence. L'impact d'une participation à une routine ritualiste conçue pour limiter et contrôler est profond et souvent difficile à transcender. Il en est ainsi parce que les patterns de limitation qui sous-tendent son objectif ont tendance à infiltrer de nombreux domaines de la pensée et à influencer certaines décisions qui empêchent de penser à différentes possibilités. Est-ce que tous les rituels sont involutifs ? Cela dépend de l'objectif de base et si ceux qui pratiquent ce rituel demeurent libres ou non du désir de contrôler ou d'utiliser le rituel dans un but malhonnête. Il est difficile d'invoquer un rituel et de maintenir son intention originelle au cours

d'utilisations ultérieures. Par conséquent, nous préconisons fortement
la spontanéité en méditation/prière.

Il pourrait vous sembler que presque tous les composants de
la vie courante sur la planète sont entachés de quelque manière
d'une intention malveillante. Des efforts de grande envergure sont
décidément déployés pour contrôler toutes les attitudes et les opinions
possibles. La psyché humaine a été très bien étudiée en vue de limiter
et de renverser le progrès que les êtres humains, indigènes comme
déportés, ont réalisé. En fait, cette poussée en vue de limiter le progrès
en a provoqué une autre pour le faire avancer qui s'est avérée encore
plus forte qu'elle ne l'aurait été en d'autres circonstances.

Il est difficile de limiter davantage ce qui a progressé en dépit
de grands efforts pour prévenir le progrès ou l'amoindrir. La seule
technique utilisée par les gouverneurs autoproclamés de la planète
et du système solaire a été de se servir encore davantage des mêmes
méthodes qui n'ont pas arrêté le progrès mais l'ont seulement ralenti.
Leurs méthodes paraissent efficaces sur une foule ; cependant, comme
la plupart de ceux qui lisent ces messages peuvent en témoigner,
il n'a fallu qu'une brève rencontre avec une présentation logique
véhiculant des idées dérangeantes pour introduire des possibilités
au travers de toute la programmation visant la limitation. Ce détail
devrait en lui-même indiquer combien le succès de la programmation
qu'ils infligent à l'humanité est ténu.

Il est temps de commencer à penser de façon indépendante et
d'inclure autant de possibilités que possible relativement aux conseils
venant de toutes les sources qui veulent influencer l'expérience du
cadeau de la vie. Considérez la source et sentez sa véritable intention.
Est-ce qu'elle projette d'encourager les occasions d'évoluer ou
est-ce qu'elle entend limiter, contrôler et mener éventuellement
à une diminution des possibilités de faire des choix indépendants
volontaires pour le plus grand bien de tous les intéressés ? C'est en
mesurant la qualité de l'intention qu'on peut soigneusement estimer
une source et son message. Cependant, une information (un rituel)
conçue d'avance pour influencer négativement, même si elle est
utilisée par une personne qui a la meilleure intention du monde, ne
peut faire autrement que d'accomplir le but original ou au moins
causer de la confusion. Les occasions d'apprendre à discerner
abondent. Observez et considérez avec soin plutôt que tirer trop

rapidement vos conclusions. Si un participant entend clairement s'aligner et de manière définitive à ce qui représente le plus grand bien pour tous les intéressés, il saura discerner correctement s'il reste en mode observateur car cette façon d'être lui laissera sentir ce qui se passe.

Chapitre 47

Chaque individu perçoit la réalité (sa version de la réalité) de la situation actuelle au travers d'un filtre forgé par les influences antérieures. Ces messages passent littéralement au travers des systèmes de croyances de chaque lecteur comme une farine au travers d'un tamis et le lecteur les reçoit en un format qui lui est acceptable en tant que réalité. Ensuite, il incorpore dans son système de croyances ce qu'il considère comme acceptable et cela donne lieu à la création d'un nouveau format de réalité. C'est un processus constant et continuel qui se poursuit avec toute l'information reçue de toutes les sources. La quantité de changement qui s'insère dans chaque format (version) de réalité dépend de la flexibilité de la psyché individuelle. Le lecteur glane dans ces messages l'information qui lui est acceptable et cela varie d'un individu à l'autre. Les segments qui paraissent particulièrement importants aux yeux d'un individu ne seront pas nécessairement les mêmes pour un autre. C'est pourquoi nous vous encourageons tous à lire et à relire l'information.

Lorsque le lecteur accepte des portions de l'information comme étant peut-être vraies, le format de sa réalité change. Il perçoit les différentes perspectives présentées dans le texte et il les accepte ou les rejette lors de chaque relecture. Ainsi, chaque nouvelle lecture laisse entrevoir sa cargaison d'informations qui paraissent particulièrement significatives et en retour, cela stimule de nouvelles compréhensions alors que le mental/cerveau est activé par la considération de possibilités différentes. C'est un programme à deux volets : 1) il éveille et amplifie les capacités latentes naturelles qui ne sont pas encore utilisées et 2) il réactive celles qui ont été désactivées par les procédures de contrôle mental dont tous ont fait l'expérience à des degrés croissants et depuis bien au-delà d'un siècle.

Le processus entamé par la lecture et l'assimilation des facettes d'information que le système de croyances trouve acceptable déclenche une transformation dans la façon de penser qui se propage dans d'autres domaines de l'expérience de vie. Si le processus vise la création d'un nouveau paradigme d'expérience pour les humains et la planète, il provoque également d'autres changements qui bénéficieront à ceux qui choisissent d'incorporer une plus grande flexibilité dans leur concept d'expérience de vie dans un corps humain. Faire l'expérience d'un rôle actif dans le processus de création, à la densité actuelle du niveau vibratoire de la Terre, exige la capacité de reconnaître, d'intérioriser, d'analyser et d'exprimer ses émotions dans l'intention délibérée de vivre « pour le plus grand bien de tous les intéressés ».

L'interaction s'installe et elle ondule en un mouvement expansif qui produit des effets d'une grande portée, bien au-delà de la capacité de comprendre d'un esprit fini. L'attitude qui veut limiter pour contrôler l'expérience est fondée sur la peur ; une telle attitude doit être abandonnée. On croit que le contrôle peut neutraliser la peur en ce sens qu'il peut ralentir le changement afin de procurer un peu de paix existentielle. Cependant, le contrôle exige davantage de mesures de contrôle pour maintenir l'expérience à l'intérieur des limites originales choisies. C'est un cycle qui n'en finit pas de s'enfoncer de lui-même dans la négativité. C'est le mode qu'ont adopté ceux qui entendent posséder et contrôler cette planète et ses habitants.

Une intention de créer, alignée avec les lois universelles, « pour le plus grand bien de tous les intéressés », invoque délibérément le changement. C'est en relâchant cette intention dans les lois que la transformation s'installe dans un cycle coordonné logique et facile. Dans un pareil contexte, il est possible de faire l'expérience de la « liberté ». Quand tous sont inclus, l'expérience de l'abondance se manifeste alors en une myriade de modes différents. La liberté encourage et permet la diversité d'expression alors que le contrôle demande la conformité et la limitation, deux concepts qui sont contraires aux désirs naturels d'une conscience éveillée à elle-même.

Ceux qui ont atteint un état de conscience plus libre l'ont fait en s'alignant avec le flot d'une plus grande contemplation du soi émanant de la potentialité pure ; on sait que cette dernière s'explore elle-même au travers de la pensée qui trouve son expression dans l'expérience éprouvée en sagesse. C'est par le biais de la sagesse –

une connaissance acquise en vivant une expérience réelle – que se fonde une plus grande liberté. C'est pourquoi les unités de conscience éveillées révèrent la vie sur une planète en 3e dimension et désirent en faire l'expérience. Le fait de « savoir » accélère grandement l'évolution de la plus grande matrice de l'âme dont chacun est une partie interactive complexe. Ce processus permet à chacun d'acquérir progressivement une plus grande compréhension de sa nature et de son identité. Cette réalisation de soi minutieusement menée est à la base de tout progrès. Chaque découverte ajoute à la compréhension de base (au savoir) que chacun est un aspect essentiel de la totalité. Cette totalité demeure incomplète jusqu'à ce que tous ses fragments soient assemblés dans la conscience de la vraie nature de l'aventure en cours qui doit être entièrement investiguée et comprise dans ce grand cycle.

Le concept « à jamais » est incompréhensible. Le seul segment de pouvoir qui soit disponible à la conscience éveillée est celui du « maintenant ». La conscience vivant en 3e dimension continue de focaliser sur le passé et le futur, ce qui l'empêche de participer au seul moment d'influence disponible. La mémoire passée est sensée servir de source informationnelle pour prévenir la répétition d'expériences antérieures peu appropriées. Le futur est un point inconnaissable, prêt à recevoir l'expérience qui se manifestera suivant les intentions et les actions du moment présent : le maintenant. Ce futur inconnu ne peut offrir rien de neuf si personne n'est là, au présent, en train de penser et de créer à partir d'une intention. On a fait remarquer que si on comparait toute la pensée dirigée vers le passé et le futur par rapport à toute la pensée qui focalise sur le moment présent sur cette planète à n'importe quel moment, il y aurait réellement très peu de gens présents. Pensez-y sérieusement.

Notre explication soulève la question suivante : quelle différence y a-t-il entre se garder de transposer sa pensée dans le futur et projeter qu'un changement se manifeste dans le futur ? Quand une conscience émet une pensée créatrice, cette conscience voit son intention déjà manifestée. En d'autres termes, l'intention d'une manifestation future est ramenée dans le moment présent comme si elle y existait déjà. L'imagination permet au penseur de faire l'expérience – en image ou en émotion ou dans les deux modes – de ce qu'il a projeté, comme si cela existait dans le moment présent. Comment cela est-il possible s'il ne connaît que la structure de base ? La réponse est de prétendre que toute la connaissance est là et de jouer avec les perceptions de ce que cela pourrait être. Même si seulement un minuscule segment de la totalité est examiné dans l'exercice d'imagination et qu'il y a assez d'énergie pour stimuler ce segment, alors une totalité apparaîtra. Le segment de la pensée qui pense coordonnera et révisera les complexités dans un format équilibré et harmonieux qui dépassera toutes les attentes. La naissance du nouveau paradigme d'expérience initiera le changement en réorganisant les événements journaliers du genre humain. Ceux qui sont les instruments de ce changement désireront que de grands changements se produisent rapidement. Cependant, de petits changements prenant place en beaucoup d'endroits et lors de nombreux événements différents démarreront la transformation. Il est plus facile de colmater un grand nombre de petits trous dans un mur que d'en colmater des grands. Une énergie subtile qui travaille en de nombreux endroits mène à des changements profonds. Faites confiance au processus !

Chapitre 48

C'est comme si la planète elle-même respirait une bonne bouffée d'air avant de commencer à littéralement frissonner et à trembler dans un effort de concentrer ses énergies pour se sauver elle-même de l'abus qu'elle absorbe même en ce moment. Dans son processus de pensée collectiviste, il semble qu'elle en soit venue à la conclusion que cela suffit et qu'il est temps d'entamer des représailles pour repousser les attaques implacables d'activités destructrices auxquelles ses pensionnaires s'adonnent volontairement à ses dépens. Comme toutes les manifestations sont un assemblage d'énergies équilibrées, on peut dire que la Terre est un « utérus » ou receveuse/réceptacle des énergies créatives qui sont focalisées au travers du soleil situé au centre de ce système planétaire. En ce moment, la Terre est la seule planète de votre système solaire qui supporte à sa surface des êtres humains évoluant au niveau de la 3e dimension.

Si l'histoire, telle que vous la connaissez actuellement au plan de la réalité humaine, semble s'étaler sur une longue période, en fait, l'histoire de la planète en tant que telle couvre des périodes de temps incommensurables lorsque mesurées en temps linéaire. Aussi difficile à comprendre que cela soit, il existe d'autres systèmes logiques qui permettent de percevoir un processus évolutif. Quand le cerveau/mental est complètement activé, sa capacité de transcender le besoin d'observer en mode linéaire enclenche un processus qui relève le facteur temps de son influence de contrôle dans l'observation et le ramène à une variable de faible importance. Le processus lui-même devient le facteur gouvernant, ce qui permet à l'esprit de se concentrer et de comprendre le flot d'interactions à facettes multiples que contient le scénario holographique qui se déroule.

Changer de mode d'observation et passer à une plus grande capacité d'observation des nombreuses parties d'un tout en interaction simultanée transforme la perception du soi qui évolue à l'intérieur de ce mouvement illimité des énergies. À mesure que le champ de perception d'une personne s'ouvre pour englober le tableau énergétique plus vaste, sa conscience se transforme à la mesure de l'expansion de sa capacité de comprendre. La capacité accrue de percevoir une situation de manière plus inclusive permet de dégager une compréhension à partir d'un point de vue dimensionnel différent. Ainsi, on peut dire qu'on fait l'expérience de la vie à partir d'un plan d'observation dimensionnel plus haut ou plus grand. Cela n'indique pas un niveau d'expérience « plus facile », mais un niveau qui inclut davantage de causes et de détails auparavant passés inaperçus lorsque les capacités étaient moindres. L'acuité de pensée accompagnée du désir d'en savoir plus afin d'exprimer davantage précède les changements dimensionnels. En d'autres termes, il faut développer sa capacité et l'appliquer avant de pouvoir accéder à de plus hautes dimensions d'expérience. Le transfert à une autre dimension ne se fait pas avant que les compétences nécessaires n'aient été développées en vue de faire l'expérience du prochain niveau dimensionnel et de maintenir la concentration qu'il faut pour y demeurer.

On doit gagner son transfert vers des dimensions plus hautes (ou se le remémorer) en pratiquant maintenant. À la base des changements dimensionnels, on trouve l'appréciation du cadeau de la conscience de soi. Cela ne peut se faire en présence de la désapprobation de soi ou en tandem avec un tel sentiment. Le « soi » fait toujours de son mieux dans l'environnement qui lui est fourni par ses propres pensées environnantes. S'il est immergé dans l'appréciation de lui-même, il grandit en expression. Par contre, s'il est entouré par la critique et les pensées qui le rabaissent, il rétrécit et la capacité d'exprimer efficacement son énergie vitale lui échappe. On doit bien comprendre la différence entre l'appréciation de soi et le gonflement de l'ego. Le processus est-il oui ou non basé sur la comparaison aux autres ? Voilà la question. Le facteur clé repose sur ce que le soi considère en lui-même, sans ressentir le besoin de se mesurer/comparer au moi des autres. Chacun s'élève à l'intérieur de son propre monde de conscience de soi. Ce que pensent les autres ou ce que le soi pense qu'il a accompli comparé aux autres n'est d'aucune valeur dans le voyage à travers l'expérience de 3e dimension. Chaque voyage est complet en lui-même.

Les autres qui sont présents font office de miroirs dans l'observation du moi. Ce que l'individu perçoit chez les autres est la réflexion de ce qu'il est incapable de voir en lui-même. On dit que « chacun est seul dans une salle de miroirs ». Jusqu'à ce que le soi soit disposé à se reconnaître « lui-même » dans ces miroirs, il n'y a aucun moyen de trouver la porte de sortie du hall. Trouver la porte déjà ouverte demeure toujours une surprise car il est impossible à un individu de déterminer quand il a atteint la capacité de personnifier les facettes de conscience de soi nécessaires pour entrer dans la prochaine expérience dimensionnelle. De là, la surprise de s'y retrouver. Il y a bien des rumeurs qui circulent au sujet du changement dans les vibrations de la Terre qui transportera ses habitants dans une dimension plus haute. Nous affirmons haut et fort, ici même, que c'est la capacité des humains à exister au niveau d'expérience dimensionnelle suivant qui déterminera si oui ou non ils feront ce transfert. La Terre peut et fera un tel changement. Combien l'accompagneront dans ce changement ? Cela dépend des individus eux-mêmes, de leurs capacités personnelles acquises par le biais de l'appréciation du « moi » et de leur aptitude à permettre une expansion de leur processus de pensée vers de nouvelles possibilités de faire l'expérience de ce qui les entoure ici et maintenant.

La capacité de laisser tomber les vieilles zones de confort familières et de se permettre de participer à la création d'un nouveau paradigme d'expérience est un défi beaucoup plus grand que ce qu'on peut imaginer au premier abord. L'aventure semble intrigante. Toutefois, sauter dans le vide, du haut de la falaise, pour s'offrir de nouvelles expériences inconnues sans aucun système de référence familier exige un engagement et une grande mesure de courage. Si ce n'était pas de l'horreur de « connaître » la vérité sur le génocide et l'esclavage qui les attendent, peu de gens auraient la motivation nécessaire ou le courage de faire le choix. C'est un choix simple qui ne comporte que deux options. Il n'y a aucune place intermédiaire où aller. Vue sous cet angle, la création d'une nouvelle expérience basée sur l'appréciation du soi et la transcendance de l'attitude de victime est tellement plus attirante qu'une descente sur la spirale de l'involution jusqu'à un abus encore plus sérieux des habitants et pour une durée plus longue. Il n'y a pas de libérateurs en vue qui se soucient de s'impliquer avec ceux qui ont trop peu de « tripes » pour s'aider eux-mêmes. Il s'agit ici d'apprendre comment vous hisser hors de la crevasse en utilisant vos propres lacets de chaussures – l'appréciation de soi – et en pensant en termes de possibilités. Pour ce qui est des entêtés et des timorés qui ne veulent rien tenter, une prochaine occasion de poursuivre l'expérience actuelle les attend quelque part ailleurs. Le choix de faire partie du scénario actuel qui se joue sur cette planète n'est pas un accident. Vous êtes ici par choix et vous avez un choix supplémentaire à faire. Nous vous suggérons de le faire… avec style et enthousiasme !

Chapitre 49

Les copies en circulation du Manuel pour le nouveau paradigme (Handbook for the New Paradigm), Embrasser le rêve (Embracing the Rainbow) et Devenir (Becoming) se comptent maintenant par milliers (en 2008). Chacun de ces livres crée une onde de changement dans la conscience des lecteurs et de ce fait, dans la conscience collective. Les livres ont fait leur chemin dans plusieurs pays ; le mouvement vers le changement prend donc un caractère international. Espérons qu'ils seront traduits et que des copies circuleront dans plusieurs langues. Il est nécessaire que le foyer de coopération pour la création d'une expérience différente provienne d'une influence globale. Il faudra une intervention d'un autre genre dans les pays où la population a peu ou aucun accès aux communications autres que la propagande de leur gouvernement. Ce problème reçoit une attention très spéciale, croyez-le. Et n'oubliez pas la théorie du centième singe. Dans ce cas-ci, incluez dans vos prières et vos méditations que des méthodes spéciales soient utilisées pour rejoindre ces gens-là. Il est conforme aux lois universelles qu'on vienne en aide à ces segments de l'humanité, pour leur plus grand bien, lorsque vous en faites la demande à leur place. En réalité, vous ne faites qu'appuyer ce qu'ils demandent déjà pour eux-mêmes. Plus la situation ne se fera oppressive, plus le cri silencieux de ceux qui en font l'expérience sera fort. La liberté d'évoluer est un désir naturel que tous connaissent aux niveaux les plus profonds de leur conscience. Ce qu'un être n'a pas le droit de dire, il peut le penser avec grande émotion.

Bien que nous l'ayons fréquemment mentionné au cours de ces messages, le pouvoir de la pensée est un pré-requis au mot articulé si ce dernier doit véhiculer la puissance. Lorsque plusieurs personnes qui s'entendent sur un point focalisent les pensées et les mots avec passion et enthousiasme, cela crée un mouvement pour manifester l'intention désirée. Et si d'autres personnes viennent ajouter leurs énergies contributives à ce foyer, les ondulations ainsi créées en viennent à former des vagues. Enfin, lorsque l'accord et la coopération focalisent un désir positif pour le plus grand bien possible et le meilleur, il n'y a pas grand chose qui puisse empêcher la manifestation de l'objectif visé. Mais il est crucial de comprendre que le vieux modèle doit cesser d'exister dans le processus de création du nouveau modèle car les deux ne peuvent partager le même espace, sauf si le vieux est en déclin et que le nouveau entre dans la réalité. Pendant le déroulement de ce processus, il est essentiel de tenir le rêve fermement en place car il serait facile d'interpréter la période de chaos et de confusion nécessaire comme étant un échec plutôt que de reconnaître ces bouleversements comme étant les premières étapes menant au succès. Il est extrêmement important que tous les membres du « personnel au sol » aient une compréhension solide de la raison d'être de la période de chaos. Elle a une fonction : faire disparaître le vieux et créer de l'espace pour le nouveau. C'est également une occasion de siphonner du chaos des énergies disponibles supplémentaires pour les reformater selon le nouveau modèle désiré.

Ce sera tout un défi pour chacun de vous que de reconnaître le démantèlement des modèles de votre vie personnelle lorsque cela vous arrivera aussi bien qu'aux autres et de savoir que cela est absolument nécessaire pour manifester une manière de vivre grandement améliorée. C'est pourquoi les messages vous ont avertis dès le début de vous préparer aux changements de la meilleure façon possible. C'est extrêmement difficile à réaliser, étant donné le style de vie urbaine que la majorité des gens modernes ont adopté et qui les rend dépendants des magasins et des restaurants pour se nourrir. Ce système requiert que des provisions viennent de très loin pour être livrées chaque jour. Les emplois dépendent de l'énergie et des lignes de communications. Peu de gens fabriquent des produits qui seraient réellement utiles dans une situation de survie. Il y a 50 ans, la plupart des gens avaient de la famille qui habitait la ferme et qui pouvait les aider en leur fournissant les nécessités de base en termes de nourriture pour au moins un certain temps. Même dans les pays du Tiers-monde, les petits fermiers ont été chassés de leurs terres pour faire place à des méga-fermes mécanisées. L'humanité a accepté qu'on la mette en péril, au bord de la misère ; les besoins de base pour assurer la survie sont contrôlés et les réserves mondiales sont très maigres.

Cette information ne vise pas à déclencher la peur mais à vous pousser à réfléchir non seulement à ce qui est possible mais également à ce qui pourrait vraisemblablement arriver dans un avenir rapproché. Les citoyens qui ont accordé peu d'attention à la situation critique des fermiers/ranchers dans le passé devraient maintenant comprendre et repenser aux inquiétudes que ces gens présentaient. On tente encore d'éliminer les fermiers qui ont survécu. Les producteurs qui ont su imaginer constamment des moyens de demeurer sur la ferme forment un groupe tenace et effectif. Ceux qui opèrent à l'extérieur du système officiel d'importation sont maintenant trop peu nombreux pour nourrir les multitudes urbaines. La situation est la même partout dans le monde.

Les humains peuvent être très créatifs quand vient l'heure. Mais est-ce que le citoyen urbain pourrait survivre si toutes les commodités modernes venaient à disparaître ? Ceux qui ont passé leur vie dans un environnement urbain feraient bien de faire des recherches et de mettre en place quelques scénarios « si jamais… » avec leurs familles. Quelles seraient les vraies nécessités, suite à la disparition de la plupart des divertissements ? L'habitation en zone urbaine contient rarement les nécessités de base pour survivre. Si les robinets ne fournissent plus d'eau, où en trouvera-t-on et comment pourra-t-elle être rendue potable ? Il est temps de considérer le tout avec logique et de s'organiser. Les réponses ne seront pas données à la télé, sur vidéocassettes ou au cinéma. Il y a d'excellentes sources d'information – livres et magasines – sur l'organisation de la vie autonome à la campagne. Il y a des manuels militaires de survie, etc. Quelques-uns n'étant plus édités, ils sont donc difficiles à trouver mais ce n'est pas impossible. Il serait sage de réfléchir aux priorités et peut-être de déterminer les différents choix à faire en ce qui a trait aux items à acquérir et à entreposer pour un usage ultérieur.

Chapitre 50

L'esprit limité peut se faire une idée de la totalité de l'existence universelle par les mathématiques ; c'est son meilleur outil. L'énergie existe en cycles précis qu'on peut lire comme des équations mathématiques. Tous les morceaux du puzzle doivent s'agencer parfaitement pour assurer la continuité de l'existence universelle. Puisque l'expression de la vie n'est pas statique, le puzzle entier est constamment en remaniement. Les variations sont continuellement recalculées pour les inclure dans la totalité qui est tellement plus vaste que ce que les esprits finis peuvent imaginer.

Ainsi, lorsque des événements catastrophiques causent du chaos, cela nécessite un nouveau calcul dans ses moindres détails intriqués. Les changements se propagent par ondulations vers l'extérieur et ils influencent la totalité universelle. Plus la catastrophe est considérable, plus le chaos déclenché pendant la période de restauration de l'intégrité est important. Sachant cela, une grande concentration est dirigée vers les régions concernées pour prévenir de tels événements si possible ou tout au moins pour en amoindrir les facteurs causals. Cela n'est pas toujours possible car le facteur libre arbitre de ceux qui causeraient de tels épisodes ne peut pas être dénié. Mais si tous les individus vivant dans la région où se produit le désaccord ne sont pas alignés avec le foyer disruptif, alors il peut y avoir une action d'intervention pour contrebalancer l'action disruptive projetée si ceux qui ne sont pas consentants demandent spécifiquement de l'aide pour rejeter les plans projetés. Mais attention : l'accord avec les plans disruptifs n'a pas besoin d'être un accord informé. Un consentement passif dû à l'ignorance est encore un accord. En d'autres termes, les plans n'ont pas à être connus ou compris du grand public pour que l'assentiment de ce dernier, même ignorant, soit considéré tout de même comme un accord.

C'est pourquoi de nombreux individus et organisations ont fait tant d'efforts pour alerter et informer les gens de cette planète qu'il existe bel et bien un plan subversif actuellement en cours d'achèvement. Ce plan, si on lui permet de s'achever, déniera l'évolution naturelle de la vie sur cette planète et permettra la survie et la mise en esclavage des candidats idéaux seulement. Ceux qui en deviennent conscients et qui choisissent de ne pas s'aligner avec ces plans doivent s'accorder et se concentrer sur un plan de leur cru pour créer un scénario différent pour la population ; ils doivent également demander ce qu'on appelle l'intervention divine. Cependant, une telle requête ne peut être adressée à un dieu inconnaissable qui peut choisir capricieusement de répondre ou non à la demande, selon son humeur du jour. Un tel dieu n'existe pas. La potentialité pure existe et son expression possède de multiples niveaux de conscience sur toute l'échelle d'existence, jusqu'à la 3e dimension, et même plus bas que ce niveau. Tous ces multiples plans de conscience combinés peuvent en effet être considérés comme étant « Dieu ». Certains plans dans ce composite de « conscience divine » sont en effet très raffinés. Par conséquent, ils peuvent entendre et ils entendent les prières ; ils y répondent lorsque les requêtes leur sont adressées correctement, soit accidentellement, soit en comprenant et en appliquant les lois de base qui encadrent l'existence de toute conscience manifestée.

La première étape importante est de demander. Par contre, présenter la même requête à répétition ne permet jamais au processus d'évoluer au-delà de l'étape de la requête. Alors, demandez d'abord, puis prenez pour acquis que la réponse est en chemin et continuez alors à exprimer votre appréciation que tout cela se produise selon un parfait timing et en toute sagesse. « La sagesse et le timing » sont grandement influencés par le demandeur et la manière dont il est capable de franchir les deux autres étapes, suite à sa demande initiale. On applique souvent le terme prière à cette démarche. Rien ne peut se passer avant la première demande ; c'est là que tout commence. Alors, les deux prochaines étapes – prendre pour acquis que c'est en cours de réalisation (focalisation soutenue de l'intention) et exprimer son appréciation (laisser-être) – contrôlent la manifestation. C'est aussi simple que cela ! Quelques détails supplémentaires sont utiles. Demandez à l'intérieur d'une structure qui permet à « l'intelligence divine » ou pensée qui pense de fournir les détails. Le doute détruit les résultats ; la confiance les assure. On ne peut répéter trop souvent ces simples règles car il est difficile de vaincre les habitudes qui se sont développées, suite à de fausses informations. Il serait sage de relire fréquemment ce message pour vous rappeler ces étapes essentielles.

« L'intelligence divine » comprend les frères, les sœurs et les êtres androgynes galactiques bienveillants qui ont évolué au-delà de votre niveau. Il est vrai que des êtres vivent en harmonie à l'intérieur des « énergies de Dieu » et qu'ils encouragent l'évolution à tous les niveaux de l'expression de la potentialité. C'est le composite de toute la sagesse accumulée qui se connaît elle-même et qui continue son expérience expansive. Toute conscience est une partie de ce magnifique réservoir d'intelligence.

Il est également vrai que conformément à leur libre arbitre, certains choisissent de faire une expérience d'une façon qui ne soit pas en harmonie avec l'intention expansive. Il est important de comprendre que la conscience de soi peut s'autodétruire délibérément en poursuivant son expérience négative jusqu'au point de destruction parce que le foyer négatif amoindrit (déconnecte littéralement) le lien avec l'âme parentale. Cependant, il est très difficile d'arriver à se détruire en affaiblissant la connexion à l'âme. La conscience peut explorer les expériences négatives pour la connaissance qu'elle peut en dégager et retourner ensuite à l'expérience harmonieuse.

Beaucoup d'êtres qu'on considère très sages et érudits ont poursuivi les deux avenues. La conscience n'est pas détruite du fait que le corps l'ait été en faisant des expériences considérées comme négatives. En d'autres termes, à moins de choisir autrement, il n'y a aucune vraie mort, seulement le besoin de digérer l'apprentissage disponible dans l'expérience de la victime, puis d'acquérir un nouveau corps pour embrasser l'opportunité suivante, l'éprouver en sagesse et évoluer dans le champ de la potentialité. Les corps ne sont pas toujours disponibles ; leur nombre est quelquefois limité. Nous suggérons donc d'utiliser celui que vous possédez actuellement à votre plus grand avantage. Honorez-le et prenez-en soin. L'intention qui soutient l'incarnation est qu'un « être » radieux exprime l'amour et le soin pour toute forme de « vie » en pensées, en paroles et en actions, à travers son corps. Alignez l'ensemble de l'intention individuelle avec cette structure et vous aurez des résultats positifs.

Chapitre 51

Bien que cela fasse souvent l'objet de discussions, le nombre d'êtres humains dont la Terre peut prendre soin confortablement avec son écosystème n'est pas le vrai facteur déterminant de la « santé » de la planète. La capacité décisive est déterminée par la façon dont les ressources sont partagées et l'intention derrière leur utilisation par les habitants. Si l'intention est pour « le plus grand bien de tous les habitants » et que les ressources sont partagées de manière à procurer une expérience de vie vécue dans l'abondance pour tous, la capacité d'une planète à supporter une population est considérablement plus grande. Il est évident que cela ne décrit pas la situation en cours. Il est aussi manifestement évident que la situation actuelle ne peut pas se poursuivre si la planète entend se préserver dans sa forme actuelle. Le scénario en cours ne peut que se terminer dans le désastre pour la planète autant que pour les habitants. L'observation des autres planètes du système solaire démontre une absence de vie apparente sur leur surface ; c'est la froide réalité et c'est une fin possible si certains privilégiés continuent leur poussée vers le luxe aux dépens du reste de l'humanité et de l'environnement naturel de la planète.

La capacité de la planète elle-même à absorber le mauvais usage de ses ressources qui ne fait qu'augmenter pendant que la majorité de ses habitants vit dans la souffrance et la misère a atteint sa limite ; son « quotient d'harmonie » est altéré. En d'autres termes, la conscience planétaire dans son entier – car la planète est certainement consciente – devient instable ou inquiète. Elle sait elle aussi qu'un manque d'harmonie progressif s'est installé, qu'il s'accélère et qu'il est stimulé intentionnellement et continuellement. On pourrait dire que son alarme intérieure sonne depuis quelques temps, ce qui attire son attention et lui signale qu'il est temps de passer aux manœuvres de survie ; sinon, son mode actuel d'expression se terminera.

Le pouvoir imposant de l'armement des Terriens et celui des étrangers qui rivalisent entre eux pour devenir « propriétaires » de la planète sont tels qu'une destruction totale n'est pas en dehors du domaine des possibilités. La conscience globale qui gouverne l'action et la réaction des processus planétaires qu'on appelle « la nature » est maintenant au courant de cette situation critique précaire. La somme totale de l'extraction minière, le terrible poids de l'eau retenue par les barrages, les constructions souterraines et de surface et les tests d'armes nucléaires et autres ont causé des anomalies de pression internes à l'intérieur de la planète, ce qui en retour rend les nombreuses fractures naturelles extrêmement instables. Ces lignes de fractures résultent d'anomalies antérieures dans la pression et elles jouent le rôle de fermetures éclair « naturelles » qui permettent les mouvements normaux et les modifications des traits de la surface. Ajoutez à cela le contenu de la conscience collective qui inclut douleur, famine, maladie et un lourd cri d'indignation qui réclame le changement et le soulagement. Tout cela existe simultanément avec l'intention opposée qui entend comprimer la conscience humaine dans un corps de plus en plus faible.

La conscience planétaire, tenant compte de tous ces facteurs, doit trouver une façon de relâcher toute cette pression. La seule technique à sa disposition est ce qu'on appelle actuellement « les changements terrestres ». Ils incluent des changements de température, des éruptions volcaniques et des tremblements de terre. Chacun d'eux constitue en fait un message venant de la planète et demandant que le stress soit réduit en en supprimant les causes. À moins que cela ne se fasse, elle enverra des messages de plus en plus urgents, c'est-à-dire de plus en plus puissants. Malheureusement, de nombreux êtres humains habitant les régions qui reçoivent les messages sont touchés par les phénomènes et les conséquences des messages. La planète choisit les régions où la surface présente les plus grandes faiblesses. Souvent, les phénomènes se produisent dans les mêmes régions parce que ces dernières présentent encore les points les plus faibles. Le changement produit n'a pas été suffisamment grand pour déplacer le point de faiblesse quelque part ailleurs sur la surface.

Il y a d'autres facteurs qui font partie de l'équation. La concentration de la pensée qui veut le bien-être de la planète et de ses habitants aide à équilibrer la région visée et réduit le stress de la planète. C'est une forme de protection pour cette région-là. Souvent, on peut ralentir de cette manière le timing des prédictions factuelles ou carrément prévenir la catastrophe. La conscience de masse de l'humanité est un composant puissant de la totalité planétaire.

C'est pourquoi un effort si intense a été déployé pour faire en sorte que la majorité des habitants endossent involontairement le plan qui permettrait à un pouvoir extérieur étranger de gouverner votre planète. Une fausse information délibérée et la programmation mentale provenant de sources multiples ont contrôlé l'expérience humaine à sa base depuis des générations, en préparation du moment crucial où de multiples cycles cosmiques arrivant en fin de course, en ce moment et dans un avenir rapproché, faciliteront la transformation dans un sens ou dans l'autre. Ayant obtenu le consentement d'un grand segment de la masse qui ne soupçonne rien, les contrôleurs peuvent affirmer que les Terriens ne veulent pas le changement et qu'ils coopèrent avec les influences extérieures. Ils tentent de prévenir « l'intervention divine » qui vient en réponse aux demandes d'aide que les humains ont adressées. Il faut mettre fin aux guerres qui servent à faire se quereller les Terriens entre eux alors qu'ils sont inconscients de l'influence exercée sur leurs processus de pensée. La race humaine est tenue divisée pour pouvoir la conquérir le plus facilement possible.

Permettez-nous de mentionner à nouveau qu'il n'y a qu'une « race humaine » malgré sa diversité d'apparence. Tous font l'expérience de la « force de vie » de manière identique. Seules les apparences extérieures diffèrent. Ces différences ont été exploitées avec les variations culturelles et religieuses pour promouvoir la séparation. Pourtant, toutes les différences physiques, culturelles et religieuses sont là pour permettre l'apprentissage de l'unité dans la diversité. Il n'est pas possible d'accéder aux dimensions plus hautes avant que cette vérité n'ait été éprouvée en sagesse. Chacun de vous a fait l'expérience des différentes cultures pour éprouver cette réalité en sagesse. L'objectif des contrôleurs requiert que vous oubliiez ces expériences et que vous mettiez l'accent sur les différences plutôt que sur les ressemblances. Les ressemblances surpassent de loin les différences ! Remarquez que beaucoup d'êtres qui vivent dans les plus hauts royaumes dimensionnels sont bien plus différents en apparence que ce que la race humaine voit en elle-même. Vos films de science fiction sont assez exacts dans leur présentation de variations imaginaires possibles dans les espèces. Pensez à la façon dont cela pourrait être négocié dans l'avenir, s'il est possible d'en venir à ne former qu'une seule race humaine, à célébrer la diversité, à la maintenir et à créer une nouvelle expérience.

Épilogue

Ceux qui lisent et qui étudient ces trois manuels éducatifs envisagent maintenant l'expérience actuelle de la vie terrestre d'un point de vue entièrement nouveau. Ce point de vue change quotidiennement à mesure qu'ils absorbent une nouvelle information, qu'ils y réfléchissent et qu'ils l'incorporent dans leur système de croyances. La base dont ils se servent pour mieux observer les expériences de vie évolue constamment. Ce qui était jusqu'à récemment considéré comme tout à fait vrai, doit souvent être abandonné puisque l'image holistique se modifie à mesure qu'elle incorpore une nouvelle information et des révisions, suite aux choix de ceux qui partagent l'ensemble planétaire. Cette compréhension démontre de manière évidente que les doctrines rigides et dogmatiques obstruent le progrès évolutif de ceux qui choisissent de se faire piéger dans ces structures de croyance. Le flot constamment changeant d'occasions de choisir présente des leçons de discernement pour ce qui est de la vérité et de l'applicabilité d'une nouvelle information. Vous devez décider individuellement comment la nouvelle information peut changer votre perspective et si le fait d'incorporer ce changement permettra au nouveau point de vue de contenir une certaine crédibilité. En d'autres termes, il est nécessaire de « tester » la nouvelle information pour vérifier si elle vous convient, puis de décider si vous allez l'accepter ou non. Si la logique est un outil important pour tester, c'est votre sentiment face à la nouvelle représentation qui détermine si vous allez l'accepter ou pas.

Lorsque vous avez pris connaissance des nouveaux concepts que pouvaient inclure nos messages, plusieurs d'entre vous ont mis les livres de côté pour un certain temps. Vous y reviendrez pour les relire et les étudier, car les situations quotidiennes observées d'un point de vue nouveau forceront la vérité des messages à se clarifier. Certains vont les rejeter complètement, mais ils passeront les livres à d'autres qui résonneront avec la vérité qui s'y trouve. De cette manière, ces gens auront fait leur part pour créer le nouveau paradigme d'expérience. L'intention préméditée de créer une nouvelle expérience pour la planète et ses habitants se manifeste de plus en plus clairement à mesure que chacun réagit à sa manière à cette information. Déjà, les énergies s'assemblent ; la concentration d'intention attire plus de participants. L'enthousiasme partagé grandit avec la réalisation qu'il est possible de transcender les circonstances actuelles et de créer une situation entièrement nouvelle dont l'humanité a ardemment désiré faire l'expérience en utilisant les lois universelles qui gouvernent la progression du processus naturel de vie.

Il reste à voir si l'humanité va demeurer collée dans sa réalité actuelle ou si elle va choisir de s'en sortir elle-même. C'est seulement lorsque les gens abandonneront le syndrome du « pauvre nous ! » et qu'ils réaliseront que le pouvoir de transformer se trouve dans leur propre attitude et dans leurs choix que les circonstances seront positivement reconstruites. L'humanité doit se faire l'agent de sa propre croissance jusqu'à devenir de véritables hu-mains (dieu-homme/femme). Le progrès évolutif naturel, en dépit de toutes les tentatives de le prévenir, a maintenant rendu cette mutation possible. Espérons que l'humanité tirera un plein avantage de cette occasion remarquable.

De la même source et déjà traduits :

Premier livre de la trilogie:

Manuel pour le nouveau paradigme

Deuxième livre de la trilogie : Embrasser le rêve

Il est possible de télécharger gratuitement ces trois livres en accédant aux différents sites Web francophones qui les proposent.

Vous pouvez commander les versions anglaises originales ainsi que les traductions françaises et espagnoles de ces trois livres, en format imprimé, sur le site Web anglophone suivant :

www.nomorehoaxes.com

Vous pouvez également commander les traductions françaises de ces trois livres, en format imprimé, sur le site Web francophone suivant :

www.nouveau-paradigme.com

MANUEL POUR LE NOUVEAU PARADIGME

Les messages contenus dans ce livre visent à libérer l'humanité de la prison dans laquelle elle s'est enfermée en adoptant une attitude de victime qui la maintient à un niveau d'expérience rempli de peur et de frustration. À l'origine, il était entendu que l'humanité vivrait non pas dans le luxe, mais dans l'abondance. L'information présentée dans ce livre mènera tous ceux qui la lisent et la relisent avec un esprit ouvert, à la découverte de la vérité sur leur identité et leur vraie nature. La recherche est terminée ; des réponses concises et claires vous sont enfin offertes.

Vous ne trouverez pas de récriminations ou de culpabilisation dans ces pages. Chaque chapitre est empreint de clarté et de grandeur. L'intention derrière la rédaction de ce petit livre est d'encourager chaque lecteur à vivre en accord avec les simples lois universelles qui y sont clairement révélées, celles-là même qui gouvernent et étayent tout ce que nous appelons la vie. D'un chapitre à l'autre, votre compréhension s'approfondira. Vous apprendrez à utiliser les lois à partir d'une formule simple qui vous assurera d'un changement absolu dans votre vie quotidienne. Vous n'avez simplement qu'à y penser ou à la prononcer avec diligence et sincérité en temps opportun. Devenir est votre destinée et votre héritage.

EMBRASSER LE RÊVE

Ce livre, Embrasser le rêve, le 2e d'une série de 3, fait suite aux messages offerts dans le premier livre intitulé Manuel pour le nouveau paradigme. Les auteurs de ces messages visent à guider les lecteurs vers l'acceptation des concepts qu'ils proposent en vue de créer une nouvelle expérience de vie pour les humains en devenir sur Terre. Chaque message ajoute aux compréhensions conceptuelles portant sur la nécessité pour l'humanité de se débarrasser des limitations qui lui ont été imposées et qui les empêchent de comprendre qui ils sont et ce qu'ils sont vraiment. Ce livre révèle la vérité sur certains mensonges choquants, enseignés intentionnellement pour limiter et priver l'humanité de ses occasions d'évolution spirituelle. Il explique comment il est possible de revendiquer le droit inné d'un peuple à l'autodétermination, de créer librement sa propre destinée et de guérir la planète et ses habitants, cette entité vivante globale, via le processus dynamique suggéré.

Pour obtenir un catalogue gratuit,

téléphonez au

1-800-729-4131

ou visitez www.nohoax.com

www.ingramcontent.com/pod-product-compliance
Lightning Source LLC
Chambersburg PA
CBHW060504030426
42337CB00015B/1730